essentials

essentials liefern aktuelles Wissen in konzentrierter Form. Die Essenz dessen, worauf es als „State-of-the-Art" in der gegenwärtigen Fachdiskussion oder in der Praxis ankommt. *essentials* informieren schnell, unkompliziert und verständlich

- als Einführung in ein aktuelles Thema aus Ihrem Fachgebiet
- als Einstieg in ein für Sie noch unbekanntes Themenfeld
- als Einblick, um zum Thema mitreden zu können

Die Bücher in elektronischer und gedruckter Form bringen das Expertenwissen von Springer-Fachautoren kompakt zur Darstellung. Sie sind besonders für die Nutzung als eBook auf Tablet-PCs, eBook-Readern und Smartphones geeignet. *essentials:* Wissensbausteine aus den Wirtschafts, Sozial- und Geisteswissenschaften, aus Technik und Naturwissenschaften sowie aus Medizin, Psychologie und Gesundheitsberufen. Von renommierten Autoren aller Springer-Verlagsmarken.

Weitere Bände in der Reihe http://www.springer.com/series/13088

Christine Falkenreck

Digitalisierungsprojekte erfolgreich planen und steuern

Kunden und Mitarbeiter für die digitale Transformation begeistern

Christine Falkenreck
Hochschule Hof
Hof, Deutschland

ISSN 2197-6708 ISSN 2197-6716 (electronic)
essentials
ISBN 978-3-658-24889-5 ISBN 978-3-658-24890-1 (eBook)
https://doi.org/10.1007/978-3-658-24890-1

Die Deutsche Nationalbibliothek verzeichnet diese Publikation in der Deutschen Nationalbibliografie; detaillierte bibliografische Daten sind im Internet über http://dnb.d-nb.de abrufbar.

Springer Gabler ist ein Imprint der eingetragenen Gesellschaft Springer Fachmedien Wiesbaden GmbH und ist ein Teil von Springer Nature
Die Anschrift der Gesellschaft ist: Abraham-Lincoln-Str. 46, 65189 Wiesbaden, Germany

Was Sie in diesem *essential* finden können

- Eine Übersicht über Chancen und Herausforderungen von Digitalisierungsprojekten
- Gestaltungsmöglichkeiten von internen Digitalisierungsprojekten am Beispiel eines Change-Projektes
- Einen in- und extern verwendbaren vier-phasigen Prozess für Digitalisierungsprojekte, der die Einführung von Produkten und Services der digitalen Transformation bei Mitarbeitern, Kunden und Öffentlichkeit erleichtert
- Ein Kommunikationsleitfaden und ein Kommunikationsplan ergänzen den vier-phasigen Projektmanagement-Prozess. Diese Unterlagen unterstützen Sie dabei, Ihre Mitarbeiter und Kunden von Ihren Digitalisierungsprojekten zu begeistern.

Vorwort

Digitalisierungsprojekte führen derzeit in vielen internationalen Unternehmen zu Veränderungen – doch diese werden oft weder bei Mitarbeitern noch bei Kunden durchweg positiv aufgenommen. Häufig bleibt der Nutzen aus Digitalisierungsprojekten für diese Zielgruppen unklar und ist von Ängsten – Arbeitsplatzverlust, monotone Arbeiten, Datenunsicherheit – überschattet. Es ist wenig überraschend, dass in Deutschland 40 % der Entscheider in Unternehmen angeben, mit Digitalisierungsprojekten negative Erfahrungen gemacht zu haben. So begegnen Mitarbeiter und Kunden Cloud-Funktionalitäten oder der direkten Mensch-Maschine Zusammenarbeit mit sehr großem Misstrauen. Viele haben noch gar keine Erfahrung mit Digitalisierungsprojekten und können deshalb nicht einschätzen, was sie in Zukunft erwartet – Unkenntnis und Unsicherheit sind große Hürden bei Digitalisierungsprojekten. Wann immer Menschen sich mit Innovationen auseinandersetzen müssen, die für sie im Grunde völlig neu sind, führte dies zu einer deutlich erschwerten Akzeptanz dieser Technologien. Dabei ist es unerheblich, ob die neue Technologie die Handhabung, das Serviceangebot oder ganz allgemein die Gewohnheiten im Alltag beeinflusst. Hinzu kommt, dass die Digitalisierung nicht nur an große Investitionen geknüpft ist, sondern auch Anpassungen innerhalb der Organisation bzw. von Stellenprofilen, Aufgabenbereichen und Führungsverhalten nach sich zieht. Wie lassen sich Mitarbeiter und Kunden für den Weg in die Digitalisierung begeistern – oder zumindest mitnehmen? Dieses *essential* schlägt eine Brücke zwischen den Chancen und Risiken der Digitalisierung, dem Unternehmen sowie den Kunden und Mitarbeitern und zeigt kommunikative und organisatorische Wege auf, wie mit den menschlichen Vorbehalten und Ängsten erfolgreich umgegangen werden kann. Dabei wird sowohl die interne Mitarbeiterperspektive berücksichtigt, als auch die Kundenperspektive diskutiert. Auf die Besonderheiten der Digitalisierung von Produkten bzw. den Herausforderungen von digitalen Service-Angeboten wird vertiefend eingegangen. Die Ergebnisse münden in zwei konkreten Prozessen, die die erfolgreiche Einführung von digitalen Systemen bei Mitarbeitern und Kunden erleichtern. Studien aus drei Forschungsprojekten der Hochschule Hof (Branchen Maschinenbau, Mess- und Regelungstechnik, Wasserwirtschaft) bilden die inhaltliche Basis des vorliegenden *essentials* und basieren auf Marktforschungsergebnissen von mehr als 2500 Befragungsteilnehmern. Die besonderen Herausforderungen von Digitalisierungsprojekten werden aufgezeigt, und sollen Sie dabei unterstützen, Ihre in- und externe Digitalisierungsprojekte zu einem erfolgreichen Abschluss führen.

Prof. Dr. Christine Falkenreck

Inhaltsverzeichnis

Einleitung – Die erweiterte Wertschöpfungskette

1

An wen richtet sich dieses Springer *essentials?*
Managerinnen und Manager müssen sich schnell in die besonderen Gegebenheiten von Projekten mit disruptiven Inhalten einarbeiten. Das Springer *essential* richtet sich deshalb an Fachkräfte in Unternehmen, die

- über wenig Erfahrung mit den Herausforderungen der „Industrie 4.0" bzw. des Internets der Dinge verfügen
- sich in das Thema „Besonderheiten von Digitalisierungsprojekten" sehr schnell einlesen möchten
- nach praktisch verwendbaren Ideen suchen, mit dem sie anstehende Digitalisierungsprojekte erfolgreicher planen und durchführen können
- bereits auf Widerstände gegenüber Digitalisierungsprojekten innerhalb oder außerhalb ihrer Organisation gestoßen sind und sich kurz, aber fundiert über Ansätze des Marketing von Digitalisierungsprojekten informieren möchten.

Die deutsche Industrie steht vor einer neuen Ära, in der sich die digitale Welt mit der Welt der Maschinen verbindet. Tief greifende Veränderungen in allen Branchen und allen Geschäftsfeldern (Big Data, die Cloud, in der Inhalte zusammengefasst werden, Business Analytics). Künstliche Intelligenz und maschinelles Lernen entwickeln sich zu Schlüsseltechnologien.

Folgt man den Ausführungen von Experten des IEEE (Institute of Electrical and Electronics Engineers), der Organisation, die sich um die Normen und Standards in der Internet-Technologie kümmert, wird das Internet der Dinge (Internet of Things, IoT) bis 2020 rund 100 Mrd. Gegenstände vernetzten. Automatisierung und Datenaustausch bilden die Basis der Kommunikationsprozesse im industriellen IoT, ohne dass es der menschlichen Unterstützung bedarf. Es kann davon ausgegangen werden,

© Springer Fachmedien Wiesbaden GmbH, ein Teil von Springer Nature 2019
C. Falkenreck, *Digitalisierungsprojekte erfolgreich planen und steuern,*
essentials, https://doi.org/10.1007/978-3-658-24890-1_1

dass in naher Zukunft jedes „Ding" eine eigene IP-Adresse und damit eine Schnittstelle mit Verbindung zum Internet haben wird. Verbunden sind über diese Technologie aber auch die Menschen, die mit diesen Gegenständen zusammenarbeiten: Hersteller und Kunden, Service-Mitarbeiter und Zulieferer – die Wertschöpfungskette der nahen Zukunft wird neben den Herstellern auch die Lieferanten und Kunden integrieren. Entwicklungs- Beschaffungs- und Bestellprozesse verändern sich rasant. Globalisierung, Digitalisierung sowie eine erhöhte Dynamik in den Märkten, verbunden mit Ängsten und Vorbehalten von Mitarbeitern und Kunden, beeinflussen den Erfolg von Digitalisierungsprojekten auf allen Ebenen. Der Übergang zwischen dem virtuellem und dem physikalischem Web ist fließend.

Die Digitalisierung unserer Arbeitswelt vollzieht sich in der Wahrnehmung von Führungskräften, Mitarbeitern und Kunden ebenfalls in immer schnellerem Tempo. Statt einzelner Maschinen werden heute vernetzte Systeme angeboten, die ohne die Einbeziehung von Menschen miteinander interagieren. Produktionsprozesse werden vernetzt, Menschen und Maschinen arbeiten Hand in Hand – und nicht immer unter der Führung des jeweiligen Facharbeiters oder Meisters, sondern die Maschine gibt mittlerweile Abläufe vor und stoppt bei Bedarf den Facharbeiter. Statt hierarchischer Strukturen entwickeln sich neue, netzwerkgetriebene Formen der Zusammenarbeit mit flachen Hierarchien und virtuellen Teams. Die Personalführung passt sich an diese neuen Organisationsformen an, die Auflösung von strukturellen Grenzen verändern die Freiräume von Mitarbeitern, aber auch den Einfluss und die Kontrollmöglichkeiten der Führungskräfte. Durch ihre Neuartigkeit, der Veränderung in Abläufen und Zuständigkeiten, sowie den daraus möglicherweise resultierenden Widerständen innerhalb von Teams führen diese internen Digitalisierungsprojekte häufiger zum Scheitern als „normale" Projekte. Welcher Werker ist begeistert zu hören, dass das Instrument, mit dem er arbeitet, kontrolliert, mit wie viel Umdrehungen er mit dem Schraubendreher eine Schraube fixiert?

Eingangs wurde bereits erwähnt, dass dem vorliegenden *essential* Marktforschungsdaten zugrunde liegen. Alle Studien wurden durch die Hochschule Hof, Deutschland, unter Mitwirkung deutscher Hersteller aus unterschiedlichen Branchen durchgeführt. Wie waren die Studien aufgebaut?

Studie 1 Im Jahr 2015, basierend auf den Ergebnissen von Einzelinterviews und Gruppendiskussionen mit Kunden, wurde eine internationale online-Befragung durchgeführt. Partner dieser Studie war ein deutscher Maschinenbau-Hersteller. Befragt wurden 2135 aktuelle und potenzielle Kunden aus Westeuropa und Asien, 594 ausgefüllte Fragebögen bildeten die Grundlage der Auswertung. Die Studie war Grundlage einer Veröffentlichung (Falkenreck, C. und Wagner, R. 2017),

Studie 2 Im Jahr 2017 wurden aktuelle und zukünftige Kunden sowie die Manager und Service-Mitarbeiter eines deutschen Herstellers von Messinstrumenten befragt. Bei den Kunden handelte es sich sowohl und industrielle Abnehmer, als auch um Mitarbeiter in Instituten von Universitäten. Auch hier startete die Forschung mit Einzelinterviews und drei Gruppendiskussionen. Anschließend wurde eine Gruppe von mehr als 1700 aktuellen und potenziellen Kunden online per Fragebogen befragt. Wir erhielten ausgefüllte Fragebögen von 156 europäischen Industriekunden, 58 Kunden von Instituten an Universitäten sowie von 105 Service-Mitarbeitern des Herstellers der Messinstrumente.

Studie 3 Im Jahr 2018 wurden acht Einzelinterviews und zwei Gruppendiskussionen durchgeführt, deren Feedback in einen Online Fragebogen integriert wurde. Befragungsteilnehmer waren Betreiber von Kläranlagen (kritische und nicht kritische Infrastruktur) und deren direkte und indirekte Zulieferer: Architekten und Planungsbüros. Die Befragungsteilnehmer kamen aus Deutschland, der Schweiz und Österreich. 530 Fragebögen aus einer Stichprobe von 1470 Anlagenbetreiber, Architekten und Planungsbüros bildeten die Grundlage unserer Auswertung.

Einig sind sich die Kunden aus allen drei Studien darin, dass zukünftige digitale Produkte allen Aspekten der Datensicherheit genügen müssen. Obwohl die Digitalisierung in der Arbeitswelt tatsächlich schnell voranschreitet, gaben 31 % deutscher industrieller Kunden an, dass ihnen die Bedeutung des Begriffs „Digitalisierung" noch unklar ist. Mehr als die Hälfte der Befragungsteilnehmer haben bis zum Jahr 2018 beruflich noch keine Digitalisierungsprojekte durchgeführt bzw. waren daran beteiligt (Studie 3: Hochschule Hof, 2018). Unternehmen bleiben zwei Möglichkeiten: Zusehen, wie sich die Welt verändert, oder neue Marktchancen zu nutzen und die Zukunft mitzugestalten. Die digitale Transformation bringt eine neue, verlängerte Wertschöpfungskette hervor, die nicht nur Zulieferer, sondern auch Firmen- und Endkunden integriert. Abb. 1.1 zeigt die Veränderungen für die Projektleitung, den Hersteller, die Zulieferer und Kunden im Supply Chain Management (Wertkettenmanagement). Offensichtlich ist die erhöhte Interaktion zwischen allen beteiligten.

Dass nur wenige Unternehmen diese Chancen erkennen und daraus entsprechende Maßnahmen ableiten, wird sich für innovative Unternehmen als strategischer Vorteil herausstellen. Durch die Digitalisierung entstehen nicht nur neue Produkte mit zusätzlichen Funktionen und Schnittstellen. Wir sprechen heute über Systeme – mehrere Maschinen oder Produktionsstraßen auch unterschiedlicher Hersteller, die miteinander durch vernetzte künstliche Intelligenz interagieren. Daraus resultieren für die Zulieferer, die Hersteller, die Firmenkunden aber auch

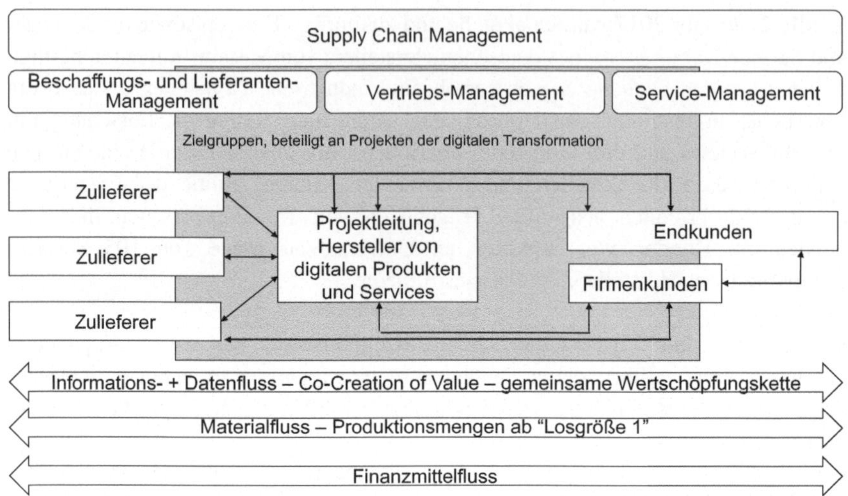

Abb. 1.1 Die erweiterte Wertschöpfungskette von Unternehmen in der digitalen Transformation

für die Endkunden u. a. neue Serviceprodukte. Nicht nur der Zulieferer des Herstellers, sondern auch Firmen- oder Endkunden liefern ihren Input zu zukünftigen Produkten und den daraus resultierenden Services – dieser Schritt bildet die Grundlage der viel diskutierten „Losgröße 1". Eine Individualisierung, die auf den Kundenwünschen basiert, wird in Zukunft nicht nur innerhalb des produzierenden Unternehmens abgestimmt werden. Der Endkunde wird die Möglichkeit haben, elektronisch auf den Zulieferer eines Herstellers zuzugreifen, um sein individualisiertes Produkt darzustellen und produzieren zu lassen. Firmen und Endkunden tauschen sich zusätzlich auch untereinander über Produkt- und Servicevariationen aus, sofern es sich um einen mehrstufigen, indirekten Vertrieb handelt. Hersteller und Zwischenhändler haben jeweils Einblick in die Lagerbestände ihrer Zulieferer. Diese transparente Vorgehensweise hat Einfluss auf die Produkt- und Servicestrategien von Unternehmen: Im Rahmen der digitalen Transformation ist es nicht mehr sinnvoll, losgelöst von Kunden und Zulieferern die Produkt- und Servicestrategie der nächsten Jahre zu diskutieren. Diese wird in naher Zukunft gemeinsam entwickelt und abgestimmt werden. Kunden und Zulieferer entwickeln sich zu strategischen Partnern von Unternehmen.

Wie Abb. 1.1 verdeutlicht, ist der Informations- und Datenfluss ein wichtiger unterstützender Baustein in Digitalisierungsprojekten. Hier entsteht die gemeinsame Produkt- und Servicewertschöpfung. Zulieferer, Hersteller und Kunden bringen ihre

Konzeptideen in den Entwicklungsprozess ein. Der kundenorientierte Materialfluss ermöglicht personalisierte, unterschiedlich skalierbare Losgrößen bis hin zur Losgröße 1, dem individuell an die Kundenbedürfnisse angepassten Produkt oder Service.

Die Strukturen von Informationsprozessen haben sich verändert, sie verlaufen häufiger digital und überschreiten Bereiche, Firmen- und Ländergrenzen. Durch die Digitalisierung der Kommunikation verschwimmen die Grenzen zwischen Privat- und Arbeitsleben – wir alle sind immer und überall erreichbar. Es ist nachvollziehbar, dass diese vielen Trends in einer komplexer werdenden autonomen Arbeitswelt, sowie die ständig erhöhte Verfügbarkeit und eine vom Arbeitgeber vorausgesetzte hohe Lernbereitschaft bei Mitarbeitern zu Unsicherheiten, Ängsten und Ablehnung führen können. Der Transparenz über Produktions- und Logistikdaten sind in Zukunft kaum noch Grenzen gesetzt. Aktuelle Befragungen bei Beschaffungsorganisationen von Industriekunden zeigen allerdings, dass heute die Datensicherheit und der daraus resultierende potenzielle Datenmissbrauch große Vorbehalte bei digitalen Produkten bzw. Services schüren. Obwohl für Datenanalyseverfahren Cloud-Services eine wichtige Rolle spielen, ist dieser Begriff in den Köpfen von Kunden und Lieferanten ausgesprochen negativ besetzt. Interessanterweise stehen insbesondere jüngere Verhandlungspartner unter 35 Jahren den Möglichkeiten digitaler Serviceangebote und dem daraus resultierenden Datentransfer sehr kritisch gegenüber. Wir können davon ausgehen, dass diese Personengruppe – genau wie die „digital natives", die nach dem Jahr 2000 geborenen, jungen Erwachsenen – sehr genau weiß, welche Möglichkeiten sich durch eine gemeinsame Datenbasis bei Zulieferern, Produzent, Zwischenhändlern und Kunden ergeben könnten. Personen und Unternehmen werden zu einer gläsernen Struktur, die sorgfältig geschützt und abgegrenzt werden muss. Mit Block-Chains (dezentrale anonyme Datenbanken, die jede Änderung dokumentieren und in den vorherigen Blocks gespeicherte Daten vor Veränderungen schützen) wird seit mehreren Jahren versucht, dem erhöhten Sicherheitsbedürfnis entlang der Wertschöpfungskette Rechnung zu tragen. Trotzdem hat sich dieses Verfahren noch nicht international durchsetzen können.

Rückblickend wurde die erste große industrielle Revolution der Arbeitswelt durch die Dampfmaschine sowie durch Wasserkraft ausgelöst, die zweite industrielle Revolution ging auf Elektrizität und arbeitsteilige Massenproduktion zurück. Im Jahr 1969 führten speicherprogrammierbare Steuerungen zur weiteren Automatisierung der Produktion. Der durch Deutschland geprägte Begriff „Industrie 4.0" beschreibt die softwarebasierte Integration von Systemen zur Flexibilisierung von Produktion und Services. Die Herausforderung dieser umfassenden Änderungen: Bis heute ziehen alle genannten Innovationsstufen einen Wandel der Arbeitswelt und der Gesellschaft als Ganzes nach sich. Deshalb wird heute davon ausgegangen, dass diese vierte industrielle Revolution bis 2025 viele Errungenschaften der vorherigen aufbrechen, neu kombinieren oder restlos ersetzten wird.

▶ **Industrie 4.0** Industrie 4.0 ist ein hauptsächlich im deutschsprachigen Raum verwendeter Begriff. Er umfasst die Vernetzung aller menschlichen und maschinellen Akteure über die komplette Wertschöpfungskette, sowie die Digitalisierung und Echtzeitauswertung aller hierfür relevanten Informationen. Ziel ist es, die Prozesse der Wertschöpfung transparenter und effizienter zu gestalten, um mit intelligenten Produkten und Dienstleistungen den Kundennutzen zu optimieren.

Die Bezeichnung „Industrie 4.0" finden wir außer unter dem Überbegriff „digitale Transformation" im internationalen Kontext unter Schlagworten wie „Smart Factory", „Internet of Things (Internet der Dinge, IoT)", Industrielles IoT oder „(Business) Digitalization" wieder. Das Wort „Disruption" wird im Allgemeinen mit „Zerstörung" übersetzt und wurde in der Vergangenheit für diejenigen Innovationen verwendet, die eine sprunghafte technische Neuerung darstellten. Stellvertretend für aktuelle Disruptionen kann heute das Internet, das Smartphone, das vernetzte Zuhause oder auch die e-Mobilität genannt werden. Disruptionen stehen für die Entstehung von etwas ganz Neuem, zunächst Unbekanntem und führen deshalb häufiger als „normale" innovative Produkte oder Services zu Unsicherheiten, Ablehnungen und Ängsten bei denjenigen, die mit diesen neuen Technologien in Kontakt kommen. Grund dafür sind die veränderte Bedienung dieser Innovationen, sowie die bahnbrechend neuen technischen Möglichkeiten. Diese erfordern ein Umdenken in den Köpfen ihrer Nutzer. Das ist an sich nichts Neues oder Negatives – als das Auto die Kutsche ablöste waren nicht nur die Kutscher skeptisch – und auch der Siegeszug des Home-Computers verlief zunächst sehr langsam. Trotzdem stutzt der Betrachter, wenn im Rennsport bei der der Formel E beim Boxenstopp nicht mehr nur die Reifen getauscht werden, sondern gleich der ganze, elektronisch angetriebene Rennwagen.

Digitalisierungsprojekte beschäftigen sich nicht nur mit der Neugestaltung von Teilbereichen der Arbeitswelt. Es geht auch um die durchgehende Vernetzung von Systemen, die für Arbeitnehmer und Kunden zu Unsicherheiten in Bezug auf den Arbeits-, Produktions- und Servicealltag führen. Die Vernetzung von Produktionsanlagen, Mitarbeitern und Kunden gelingt nur, wenn neben den Kunden auch die Belegschaft mitzieht. Mensch und Roboter arbeiten heute schon Hand in Hand – und die Mitarbeiter haben Bedenken, ob der Mensch auch in Zukunft das wichtigste Glied im Produktionsprozess bleibt. Kunden fürchten um die Sicherheit der Daten von vernetzten Produktionsstraßen. Der Stellenwert des Menschen in der Wertschöpfungskette der Zukunft ist unklar – Datensicherheit und Dateneigentum sind es ebenfalls.

Abb. 1.2 fasst die gängigsten Begriffe und Serviceprodukte zusammen, die im Rahmen der digitalen Transformation diskutiert werden. So beschreibt der in der

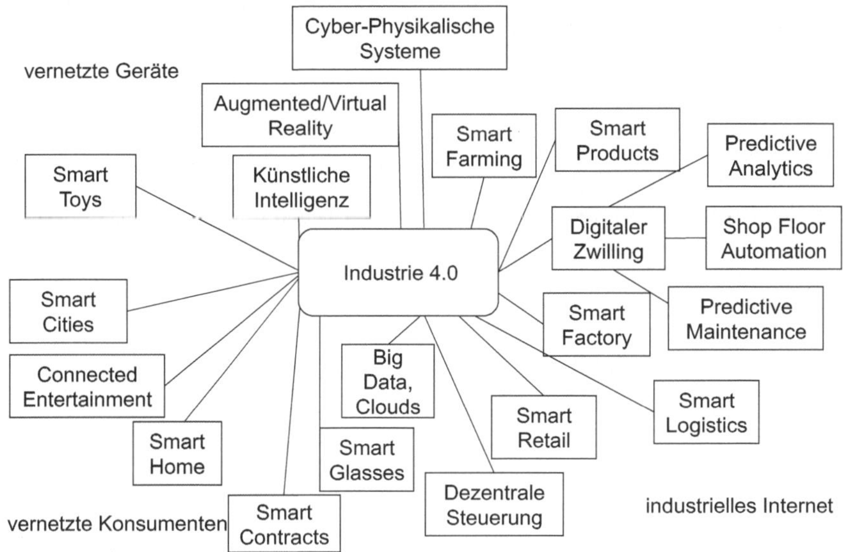

Abb. 1.2 Industrie 4.0: Das digitale Ökosystem

Produktion häufig verwendete Begriff „cyber-physikalische Systeme" informatische, softwaretechnische Komponenten, die mit mechanischen und elektronischen Teilen über eine Dateninfrastruktur kommunizieren.

Der „digitale Zwilling" steht für eine elektronische Kopie einer Maschine oder Anlage und wird bereits parallel zur Produktion der Maschine erstellt. Der digitale Zwilling enthält alle Besonderheiten der Maschine, sämtliche Bauteile werden in eine 3D-Ansicht integriert. Alle maschinenspezifischen Daten liegen in elektronischer Form zur Ansicht vor. Dadurch, dass auf eine Maschine oder auf eine Produktionsstraße vom Hersteller oder auch vom Kunden digital zurückgegriffen werden kann, ist der Hersteller über Schnittstellen zum Kunden in der Lage, eine Service-Unterstützung anzubieten. Unterschieden werden dieses Services in Predictive Maintenance (vorausschauende Instandhaltung) und Predictive Analytics (vorausschauende Analyse). Diese digitalen Angeboten haben zum Ziel, dem Ausfall von Maschinen und Anlagen zuvorzukommen und sowohl dem Kunden als auch dem Hersteller vorherzusagen, wann Bauteile ausfallen (könnten), um den Stillstand von Maschinen zu planen bzw. zu verkürzen. Dieser Service ist u. a. bei geografisch weit entfernten Kunden eine große Vereinfachung: In Zukunft wird es möglich sein, dass der Kunde – evtl. mit virtueller Unterstützung durch Servicemitarbeiter des

Herstellers – seine Maschine selbst Instand setzen kann. Auch Ersatzteile können durch digitale Zwillinge passgenau bestellt und geliefert werden.

„Smart glasses" (intelligente Brillen) ermöglichen es Kunden und Service-Technikern gemeinsam und zeitgleich, wenn auch an verschiedenen geografischen Orten, das Gerät und seinen Bauplan zu betrachten. Über eine Animation in den Sensoren der Brille wird neben den Schaltkreisen auch z. B. der digitale Zwilling des Produktes mit allen produktspezifischen Daten eingeblendet. Der Kunde hat in Zukunft die Möglichkeit, sich über die Brille und das Internet mit dem Service-Techniker seines Lieferanten zu vernetzen. Dieser kann sich elektronisch hinzuschalten und zusammen mit dem Kunden die Fehleranalyse am Produkt durchführen.

Die bereits diskutierte „Losgröße 1" wird durch die neuen digitalen Produktionskonzepte zur Realität: Kunde und Auftrag können individuell bedient bzw. bearbeitet werden. Es ist das Ziel, Silo- und Funktionsdenken durch gemeinsam mit Mitarbeitern, Zulieferern und Kunden erarbeitete, wertschöpfende Prozesse zu ersetzt.

Bei „Smart Products" handelt es sich um eindeutig elektronisch identifizierbare Objekte, die über das Internet miteinander vernetzt sind und ohne menschliches Zutun mit einander interagieren, z. B. in einer Smart Factory, einer intelligent vernetzten Produktionsstätte. Neuere Formen der Kommunikation, bspw. über RFID (Radio Frequency Identifikation) oder auch über NFC (Near Field Communication), einer drahtlosen Kommunikation, erleichtern den Informationsaustausch von Maschinen und Produkten unter einander und können bei Produkten den Einsatz von Barcodes ablösen. Gespeichert werden die Daten in Clouds bzw. Block-Chains, die es ermöglichen, den Verbleib von Objekten jederzeit nachzuverfolgen.

Hier setzen auch die „smart contracts" an, Verträge zwischen Anbietern und Nachfragern, die komplett digital abgewickelt werden, und denen im Normalfall digitale Serviceprodukte zugrunde liegen. Ein Beispiel für einen „smart contract" ist ein Autoversicherungsvertrag, der an die Fahrweise seines Versicherungsnehmers geknüpft ist. Hält sich der Versicherte an Recht und Gesetz, bleibt seine Versicherungsrate konstant. Registriert das Auto, dass sein Besitzer zu schnell unterwegs ist, kann das Auswirkungen auf seine Vertragskonditionen haben. Vergisst der Versicherungsnehmer die Zahlung seiner Versicherungspolice, wird das Auto automatisch nach einer Karenzzeit stillgelegt. Der Zahlungsverkehr dieser Verträge wird zumeist fälschungssicher in Bock-Chains und mit Bit Coins als Währung abgewickelt. Auch eine Abwicklung in realen Währungen ist möglich. Aktuell wird dieses Verfahren bereits von Toyota angeboten – als Anreiz ist die Autoversicherung für junge Fahranfänger bis zu drei Jahre beitragsfrei. Der Kunde zahlt so zu sagen mit den Daten aus seinem Fahrverhalten und wird für den Versicherungsgeber transparent.

„Augmented bzw. virtual reality" bezieht sich auf die computergestützte, visuelle Darstellung von Informationen. Reale Maschinen werden durch die Benutzung von „Smart Glases", einer brillenähnlichen Funktionalität mit digitalen Informationen aus dem Internet oder von Datenblättern, Bildern oder Videos überlagert. Dadurch kann sich z. B. eine Service-Fachkraft auf die vernetzte Spezialbrille des Kunden dazu schalten, um gemeinsam mit dem Kunden die Maschine durch einen Schaltplan zu betrachten, Fehler zu erkennen bzw. zu beheben. „Dezentrale Steuerung" ist ein Begriff aus der Automatisierungstechnik und beschreibt den Zugriff auf Maschinen und Systeme z. B. von mobilen Endgeräten aus. Maschinenführer bzw. Produktionsverantwortliche steuern Geräte nicht mehr von einem Leitstand aus, sondern flexibel von jedem für die Produktion geeigneten Standort.

„Big Data" bezeichnet große, zumeist schlecht strukturierte oder aufbereitete Massendaten, die mit herkömmlichen Methoden der Datenverarbeitung nicht oder nur unzulänglich ausgewertet werden können. Die Herausforderung beim Umgang mit „Big Data" liegt deshalb in der Verwertung und in der sinnvollen Verwendung dieser Daten. Big Data kann wie folgt definiert werden:

▶ **Big Data** Die Analyse und die Echtzeitverarbeitung großer, unstrukturierter und kontinuierlich fließender Datenquellen aus einer Vielfalt unterschiedlicher Datenquellen zur Schaffung glaubwürdiger Informationen als Basis von nutzenschaffenden Entscheidungen.

Bei „Big Data" kann es sich auch um Datenmengen aus dem privaten Bereich handeln – z. B. von vernetzten Kraftfahrzeugen, sozialen Netzwerken und Fitnessarmbändern. Deshalb stehen Verbraucher diesem Schlagwort heute eher skeptisch gegenüber, insbesondere, wenn für sie der Mehrwert aus der Abgabe ihrer persönlichen Daten nicht ersichtlich ist. Da bis heute der Besitz dieser z. B. von Maschinen oder Produktionsstraßen abgegebenen Daten unklar ist, sind auch Firmenkunden bei einer möglichen Geschäftsprozess- oder Serviceverbesserung durch diese Informationstechnik nicht ohne Vorbehalte. Das so genannte (industrielle) Internet der Dinge wird durch die folgende Definition beschrieben:

▶ **Internet der Dinge** „Intelligente, automatisierte Interaktivität von Dingen untereinander, um Informationen und Wissen für neue Wertschöpfungsprozesse auszutauschen".

Über „Connected Entertainment", die vernetzte Unterhaltung, verfügen wir heute schon im Auto durch die Verbindung von Auto und Smart Phone. „Smart Cities" bezeichnen unsere vernetzten Städte mit vernetzten Gebäuden, angepasster Verkehrsführung, Stauwarnungen und digitalisierten Ampelschaltungen. Das erste vernetzte, intelligente Gebäude entsteht zurzeit in Berlin. „The Cube" weiß jederzeit, wo sich welcher Besucher aufhält und regelt Heizung, Beleuchtung und andere elektronische Steuerungseinheiten automatisch. Dieses digitale Ökosystem ist ständigen Veränderungen unterworfen. Der Übergang zwischen vernetzten Konsumenten und dem industriellen Internet der Dinge ist fließend.

Bei Digitalisierungsprojekten und der Generierung von „Big Data" muss der private bzw. geschäftliche Kunde nicht nur von der Sinnhaftigkeit vernetzter Produktionsabläufe überzeugt werden, sondern auch von der Sicherheit seiner Daten. Die drei durch die Hochschule Hof durchgeführten Forschungsprojekte in unterschiedlichen Branchen (Maschinenbau, Mess- und Regelungstechnik, Bau und -betrieb von öffentlichen Anlagen) legen den Schluss nah, dass die Zustimmung von Kunden zu Digitalisierungsprojekten leichter erfolgt, wenn die Kunden den persönlichen, vertrauensvollen Kontakt zu Vertriebs- oder Projektmitarbeitern des Anbieters pflegen. Bei standardisierten Produkten und anonymen Kaufprozessen ist das Interesse an – und das Vertrauen in – digitalen Serviceprojekten geringer und Datenschutzbedenken größer als bei persönlichen Verkaufsgesprächen und maßgeschneiderten Produkten. Beispiel: Bei Betreibern von Anlagen, die durch einen mehrstufigen, standardisierten Beschaffungsprozess wenig direkten Kontakt zu Anlagenplanern haben, sind die Vorbehalte gegenüber Digitalisierungsprojekten und dem Begriff „Industrie 4.0" am größten. Dies hat Auswirkungen auf die interne und externe Vertriebskommunikation, auf das Kundenbeziehungsmanagement – und nicht zuletzt auf die IT-Struktur im Unternehmen. Zu den aktuellen Herausforderungen von Unternehmen bei Digitalisierungsprojekten zählen deshalb Kompetenzdefizite und Unzufriedenheit von Management, Mitarbeitern und Kunden, sowie die Überlastung der Informatik.

Fragt man industrielle Kunden aus der Branche „Mess- und Regelungstechnik" (Teilnehmer der Studie 2) wird deutlich, dass nur wenige Befragungsteilnehmer praktische Erfahrungen mit der digitalen Transformation gemacht haben. Deshalb ist es wenig verwunderlich, dass Befragungsteilnehmer darüber unsicher sind, ob ihr Unternehmen für den digitalen Wandel gut gerüstet ist – was immer dies im Einzelfall bedeuten kann. Das Ergebnis einer Befragung bei Mitarbeitern der öffentlichen Verwaltung, Schwerpunkt kritische Infrastruktur in der Wasserwirtschaft, geht in eine ähnliche Richtung. Ca. 60 % der Befragungsteilnehmer sind der Meinung, dass ihre Branche auf den digitalen Wandel nicht ausreichend vorbereitet ist.

Interessanterweise ist im Jahr 2018 die Bedeutung des Begriffs „Digitalisierung" für ca. 30 % der Befragungsteilnehmer immer noch unklar. Trotzdem gaben 59 % der Befragten an, Digitalisierungsprojekten neutral gegenüber zu stehen, 8 % äußerten sich eher negativ. Alle Befragungsteilnehmer waren sich darin einig, dass in Zukunft an die Datensicherheit hohe Ansprüche gestellt werden müssen.

Abb. 1.3 zeigt ein Befragungsergebnis aus dem Jahr 2017, Teilnehmer der Befragung waren Kunden aus der Industrie, Mitarbeiter von Forschungsinstituten, sowie Service-Mitarbeiter und Manager eines Herstellers von messtechnischen Instrumenten. Nur wenige Befragungsteilnehmer sind überzeugt, dass das Unternehmen, in dem sie beschäftigt sind, auf den digitalen Wandel gut vorbereitet ist. Die Managementebene zeigt mit 18 % kompletter Zustimmung noch die größte Überzeugung für die Vorbereitung auf den digitalen Wandel – weitaus negativer ist hingegen das Feedback der Service-Mitarbeiter. Nur 5 % stimmen der Aussage „Das Unternehmen/Institut für das ich arbeite, ist auf die Herausforderungen des digitalen Wandels gut vorbereitet" vorbehaltlos zu. Bei den befragten Industriekunden und den Kunden von Organisationen ist die Stimmung ähnlich kritisch: nur 5 % bzw. 6 % der Befragungsteilnehmer können der Aussage in Gänze zustimmen.

Dass die Einstellung zu neuen Service-Angeboten innerhalb verschiedener Branchen durchaus unterschiedlich ausfallen kann, zeigt Abb. 1.4. Sehr viel Zustimmung zu neuen digitalen Angeboten gibt es innerhalb der Befragungsgruppe der Service-Mitarbeiter des anbietenden Unternehmens (Herstellers), 55 % der befragten Mitarbeiter stimmten der Aussage „eine Vernetzung von Maschinen und technischen Systemen über das Internet ist ein hilfreiches zusätzliches Service- bzw. Wartungsangebot" nahezu komplett zu. Auch die Mitarbeiter an Universitäten stehen vernetzten technischen Systemen eher positiv entgegen, die nahezu komplette Zustimmung liegt in dieser Befragungsgruppe (Studie 2, Branche Mess- und Regelungstechnik) bei 51 %. Bei den Anlagenbetreibern der öffentlichen Hand (Studie 3, Anlagenbetreiber) sieht das Ergebnis ganz anders aus – hier liegt die nahezu komplette Zustimmung zu digitalen Services als zusätzliches Angebot lediglich bei 27 %. Für das kommunikative Management neuer digitaler Projekte würde bei dieser Kundengruppe eine viel größere Überzeugungsarbeit geleistet werden müssen.

Um Digitalisierungsprojekte reibungslos und mit möglichst wenig Widerstand intern bei Mitarbeitern bzw. extern bei Kunden zu implementieren, sollten diese Ergebnisse berücksichtig werden und dazu führen, dass sich sowohl das Management im Unternehmen als auch die Vertriebsmitarbeiter auf Vorbehalte innerhalb bestimmter Kundengruppen einstellen. Vorschläge zu einer optimalen kommunikativen Vorgehensweise werden in Kap. 2 vorgestellt. Bevor Sie sich jedoch mit der Projektkommunikation auseinandersetzen, ist es notwendig, bei den unterschiedlichen Zielgruppen innerhalb Ihrer Digitalisierungsprojekte herauszufinden, wie positiv bzw. negativ die Einstellung zu digitalen Produkten und Services tatsächlich ist. Hierzu dient die Pain-Point (Schmerzpunkt-) Analyse. Diese sollte sowohl unternehmensintern als auch -extern durchgeführt werden, wenn unklar ist, ob innerhalb der Zielgruppen mit Widerständen zu rechnen ist. Wo genau sitzt bei Mitarbeitern und Kunden das Akzeptanzproblem?

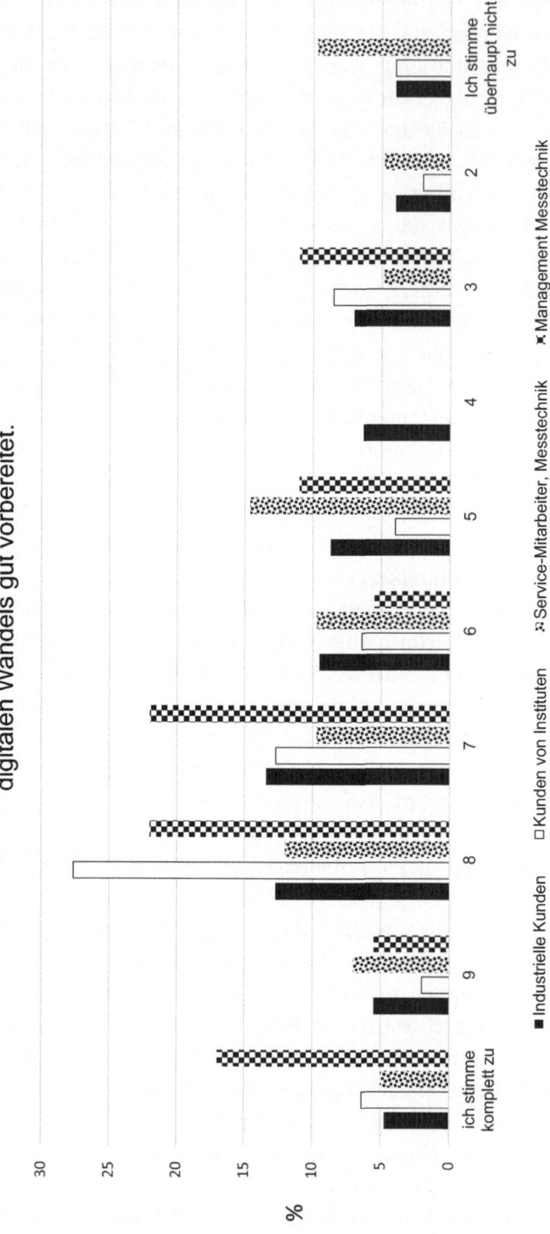

Abb. 1.3 Sind Unternehmen fit für den digitalen Wandel?

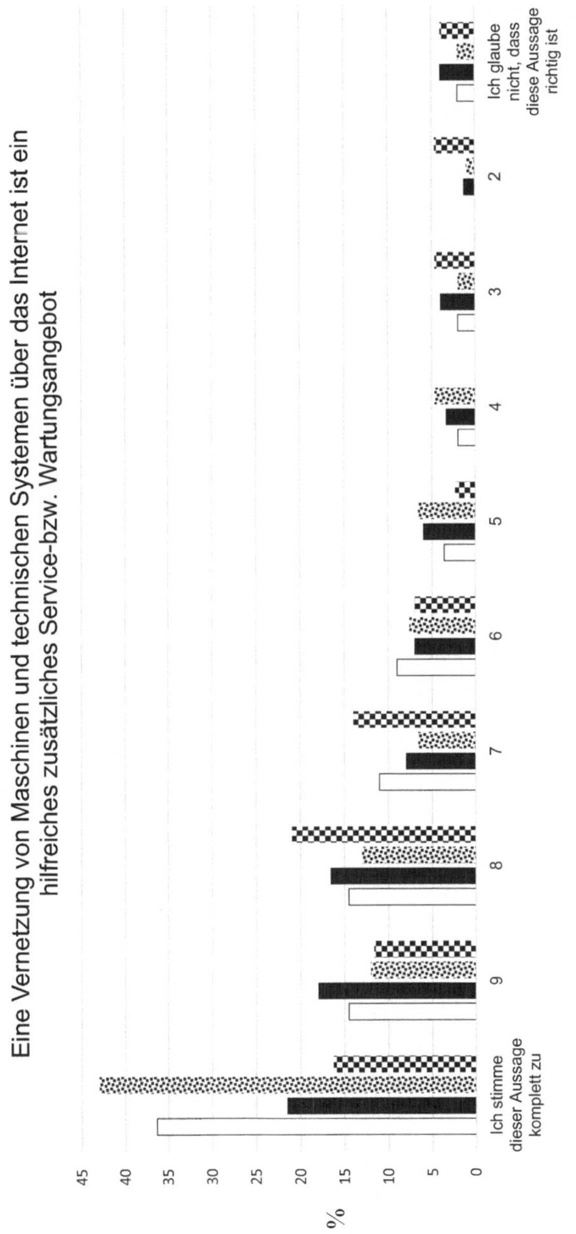

Abb. 1.4 Branchenübergreifende Einstellung zu neuen digitalen Serviceangeboten

1.1 Interne Pain-Point Analyse bei Mitarbeitern

Die Einführung von Geschäftsprozessmanagement im Unternehmen zielt auf eine Verbesserung der Effektivität und Effizienz durch eine nachhaltige Optimierung der Geschäftsprozesse. Eine Priorisierung der Geschäftsprozesse in Bezug auf ihre strategische Bedeutung und Verbesserungspotenziale schafft die notwendigen Voraussetzungen und damit die Basis für den Verbesserungsprozess. Industrie 4.0 und die daraus resultierenden digitalen Projekte krempelt heute schon die menschliche Arbeit um. Noch ist es unklar, wie sich die digitale Transformation auf den Arbeitsmarkt auswirken wird, verschiedene Studien (u. a. die von der IG Metall beim Fraunhofer Institut in Auftrag gegebene, https://www.industrie40. iml.fraunhofer.de/de/studien.html) liefern widersprüchliche Ergebnisse.

Carsten Brzka, Chef-Ökonom der ING-Diba (Studie von Frey und Osborne 2013) vertritt die Ansicht, dass in Deutschland innerhalb der nächsten 20 Jahre Maschinen 18,3 Mio. von 30,9 Mio. Arbeitsplätze ersetzen werden – dies entspricht 59 % aller Arbeitsplätze. Diese Maschinen zu erfinden, zu konstruieren und zu programmieren wird nicht dieselbe Menge an Arbeit neu schaffen (Beispiel: nur 5 % aller zwischen 1993 und 2003 neu geschaffenen Stellen entfielen auf Informatik, Software-Entwicklung oder Telekommunikation).

Die Unklarheit ihrer beruflichen Zukunftssicherheit verunsichert Mitarbeiter auf allen Hierarchieebenen. Um den Mitarbeitern einen Nutzen durch digitale Projekte zu bieten, muss herausgefunden werden, wo bei ihnen „der Schuh drückt". So können beispielsweise inhaltliche Vorbehalte gegen den Wandel innerhalb des bisherigen Aufgabengebietes der Mitarbeiter bestehen. Viele Studien machen deutlich, dass einige Führungsebenen (Meister, Teamleiter) in Zukunft wegfallen könnten. Auch dies schürt Verlustängste, ohne dass die Mitarbeiter einschätzen können, wie ein späterer Mehrwert aus Digitalisierungsprojekten aussehen könnte. Mitarbeiter ahnen, was sie verlieren, ohne zu wissen, was sie statt dessen bekommen könnten.

Die Art der zu bearbeitenden Aufgaben entscheidet darüber, wie motiviert die Mitarbeiter an ihre Aufgaben herangehen. Aufgaben werden dann als sinnvoll bewertet, wenn viele Kompetenzen der Mitarbeiter genutzt werden und Aufgaben als Ganzes und nicht als kleine Teilpakete übertragen werden (ganzheitlich, von der Aufgabenplanung bis zur Bewertung des Resultats). Computergestützte Assistenzsysteme in der Produktion könnten in der Zukunft unverzichtbar sein und werden das Tätigkeitsspektrum der Arbeitnehmer verändern. Mitarbeiter werden austauschbar, Arbeitsprozesse monotoner, viele Tätigkeiten fallen ganz weg. Die Angst um den Arbeitsplatz resultiert für Mitarbeiter auch aus der Tatsache, dass eine Verdichtung des Anlernprozesses die Arbeitgeber nicht mehr verpflichtet, sich lange an einzelne Werker zu binden.

> **Wichtig**
>
> Mit einer einzigen Frage können Sie der Stimmung innerhalb Ihres
> Teams oder Ihrer Belegschaft zu einem bestimmten Thema auf den
> Grund gehen: Die u. a. Widerstandsskala zeigt zunächst die Einstellung
> der Mitarbeiter zu dem neuen Projekt z. B. bei Projektstart. Die Mit-
> arbeiter bewerten lediglich eine einzige Aussage und begründen ihre
> Einschätzung kurz:
>
> Bitte bewerten Sie die folgende Aussage: Der Widerstand innerhalb
> unseres Teams/unserer Abteilung gegenüber Projekt xyz ist
>
> sehr gering   eher gering   neutral   eher groß   sehr groß
>
> weil,…
>
> Obige Befragung sollte innerhalb der einzelnen Projektphasen bis
> hin zum Projektabschluss wiederholt werden. So können Sie jederzeit
> feststellen, ob sich die Einstellung Ihrer Mitarbeiter zum Projekt positiv
> oder negativ verändert hat – und Ihre Mitarbeiter vertrauen Ihnen
> gegebenenfalls auch die Gründe für den Widerstand an.

Für den Erfolg der o. a. Methodik ist es wichtig, nach beendeter Auswertung der
Erhebung mit den Mitarbeitern offen über das Ergebnis zu sprechen. Dabei ist zu
berücksichtigen, dass die Anonymität der erhobenen Daten immer gewahrt bleibt.
Sollte das Ergebnis der Erhebung zeigen, dass der Widerstand gegenüber Ihrem
Projekt innerhalb der befragten Gruppe eher groß ist, diskutieren Sie mit Ihren
Mitarbeitern über die von ihnen angegebenen Gründe und finden Sie gemeinsam
eine Lösung.

1.2 Externe Pain-Point Analyse bei Kunden

Um Kunden für digitale Services als zusätzliche Dienstleistungen zu begeistern,
muss herausgefunden werden, wo bei den Kunden die Bedenken und Vorbehalte
gegenüber digitalen Projekten liegen. Unglücklicherweise kommt im Rahmen der
digitalen Transformation noch hinzu, das – zumindest bei den drei Studien, die
von der Hochschule Hof bei Kunden unterschiedlicher Branchen durchgeführt
wurden, mehr als 1/3 der Befragungsteilnehmer selbst der Begriff der Digitalisierung noch unklar war. Kundenbefragungen zeigen außerdem, dass sich das Vertrauen, das sich Hersteller in langjähriger Zusammenarbeit erarbeitet haben, nicht
zwangsläufig positiv auf die neuen Herausforderungen „Big Data, Datenabfluss

zum Hersteller, Vernetzung zwischen Hersteller und Kunden" auswirkt. Das Unternehmen muss sich das Vertrauen in den ordnungsgemäßen Umgang mit Kundendaten im Rahmen von digitalen Services erst neu erwerben. Tatsächlich werden Bedenken gegen die sichere Lagerung und in den ordnungsgemäßen Umgang mit Kundendaten bei Befragungen immer zuerst genannt, wenn es um die Herausforderungen der Digitalisierung bei der Zusammenarbeit zwischen Unternehmen und Industriekunden geht.

Auch nicht-digitale Produkte (Maschinen, Analysegeräte, Produktionsstraßen) werden zukünftig mit digitalisierten Services verknüpft. Dadurch entstehen neue Prozesse. Vorausschauende Analysen (Predictive Maintenance) können neue Produktsegmente erschließen und tragen zum beschleunigten Service bei. Wie eingangs erwähnt, ist der persönliche Verkaufsprozess dem anonymen online-Serviceangebot vorzuziehen, wenn großer Informationsbedarf aufseiten der Kunden besteht bzw. die Widerstände gegen digitale Services noch relativ groß sind. Versuchen Sie, im persönlichen Gespräch herauszufinden, wie die Einstellung Ihrer Kunden zu digitalen Serviceangeboten im Allgemeinen – und von Ihrem Unternehmen im speziellen – ist. Hierfür bieten sich Kundentage, Messeveranstaltungen bzw. die Befragung von einzelnen, für Ihr Unternehmen strategisch wichtigen Kunden an. Welche zusätzlichen digitalen Leistungen wünschen sich die Kunden? Worauf legen sie besonderen Wert und wo bestehen Vorbehalte?

Optimale Ansatzpunkte zur Nutzenmaximierung bietet die Individualisierung der Leistungen: jedem Kunden wird sein individuelles Lösungspaket angeboten, dessen Nutzenkomponenten wurden vorab mit dem Kunden gemeinsam erarbeitet. Damit steigt die Offenheit gegenüber neuen digitalen Serviceangeboten, die Kundenzufriedenheit – und nicht zuletzt die Kundenbindung.

▶　　**Wichtig** Mit folgender kurzen Befragung können Sie sich bei Ihren Kunden einen Überblick über deren Einstellung zu digitalen Produkten und Services verschaffen. Dabei macht es Sinn, die Befragungsteilnehmer in unterschiedliche Zielgruppen einzuteilen: Besonders innovative Unternehmen/Kunden und eher konservativ eingestellte Kunden.

　　　1. Die Technologie, die dem Internet der Dinge zugrunde liegt, ermöglicht u. a. den schnellen und einfachen Datenaustausch zwischen Käufern und Verkäufern. Unternehmen können innerhalb dieses Netzwerkes Informationen, Fachwissen und Servicedaten austauschen. Bitte bewerten Sie folgende Aussage:

> Im Allgemeinen ist die Möglichkeit des Datenaustausches durch
> das Internet der Dinge eine hilfreiche Unterstützung für Käufer und
> Verkäufer. (Skalierung: 7-point Likert scale, von „ich bin überzeugt,
> dass das der Fall ist" bis „das glaube ich nicht".)
> Maschinen mit dem Hersteller über das Internet zu vernetzten
> ist ein hilfreiches Zusatzangebot im Hinblick auf die Maschinen-
> wartung. (Skalierung: 7-point Likert scale, von „ich bin überzeugt,
> dass das der Fall ist" bis „das glaube ich nicht".)

2. Bitte vollenden Sie den folgenden Satz: Das Internet der Dinge
   wird in Zukunft in unserer Branche eine wichtige Rolle spielen, weil
   (Freitext)…

Bewerten Sie die Ergebnisse der Befragung zunächst intern – können Sie einen
Unterschied innerhalb der Ergebnisse der Kundengruppen feststellen? Wenn
ja, hat dies Auswirkung auf den später diskutierten Kommunikationsleitfaden.
Möglicherweise haben Sie innerhalb Ihres Kundenkreises bereits Ihren poten-
ziellen Partner für Ihr erstes Digitalisierungsprojekt gefunden? Dann sprechen
Sie diese Kunden gezielt an und bitten um ihre Mitarbeit in einem ausgewählten
Digitalisierungsprojekt. Sind die Vorbehalte gegenüber Digitalisierungsprojekte
groß und die Kenntnis über das Internet der Dinge gering? Dies ist ein sehr wich-
tiger Hinweis für Ihr Projektteam – bei einer Vielzahl Ihrer Kunden muss für das
Digitalisierungsprojekt erst noch umfassende Überzeugungsarbeit geleistet werden.
Wie Sie in diesem Fall kommunikativ vorgehen können beschreibt das folgende
Kapitel.

In einem zweiten Schritt informieren Sie die Befragungsteilnehmer über die
Ergebnisse der Befragung und diskutieren die daraus resultierenden Maßnahmen
Ihres Unternehmens.

Fazit

Bereits in einer frühen Projektphase ist es notwendig, bei den unterschiedlichen
Zielgruppen herauszufinden, wie positiv bzw. negativ die Einstellungen zu digi-
talen Produkten und Services tatsächlich sind. Das Instrument der Pain-Point
Analyse kann sowohl unternehmensintern als auch -extern durchgeführt werden.

Eine Widerstandsskala zur Messung des Widerstands gegen das Projekt wird
intern verwendet. Die Einstellung der Befragungsteilnehmer (evtl. auch alle Mit-
glieder des Projektteams, sofern hier ein Widerstand gegen das Projekt durch die
Projektleitung nicht ausgeschlossen werden kann) ist während der Planungsphase,

an bestimmten Terminen während des Projekts, und nach Beendigung des Projekts unter Verwendung einer 5-Punkte Skala Stellung zu der Frage „Wie hoch ist der Widerstand gegen…" ein wichtiger Gradmesser für die aktuelle Projektakzeptanz. So können positive oder negative Veränderungen im Zeitablauf einfach und schnell dokumentiert und gegebenenfalls Gegenmaßnahmen eingeleitet werden.

Die Pain-Point Analyse Ihrer Kunden findet zu Beginn Ihres Digitalisierungsprojektes statt und fällt in die Planungsphase. Sie gibt zuverlässig Auskunft über die Einstellung von innovativ oder konservativ ausgerichteten Kunden zur Digitalisierung im Allgemeinen und Digitalisierungsprojekten im Besonderen.

Digitalisierung und Projektkommunikation

2

Eine Unternehmensentscheidung zu Digitalisierungsprojekten sollte nicht über die Köpfe von Mitarbeitern und Kunden hinweg getroffen werden. Dies stellt neue Anforderungen an die Projektkommunikation mit diesen Zielgruppen. Eine aktuelle Forsa-Umfrage zu den Folgen der Digitalisierung zeigt, dass 70 % der Entscheider Kundenkommunikation als das derzeit am stärksten von der Digitalisierung betroffene Themenfeld identifiziert haben.

Was Sie in diesem Kapitel finden können

- Informationen zu dem Zusammenhang zwischen der Unternehmenskultur, dem Umgang mit Digitalisierungsprojekten, und den Veränderungen der Arbeitswelt.
- Promotoren, Opponenten, Wünsche, Ziele und Ängste – wie ticken das Management, die Mitarbeiter und die Kunden?
- Auswahlkriterien und Besonderheiten in der internen und externen Medienwahl bei digitalen Projekten.

Ohne Mitarbeiter und ihr Know-how kommt im Unternehmen keine Veränderung zustande. Ängste vor Überforderung, Arbeitsplatzverlust, die Reaktion der Mitarbeiter auf das, was die digitale Technik leisten kann, hängen davon ab, wie das Unternehmen zukünftige Digitalisierungsprojekte ihren Mitarbeitern erklärt. Die bisher oft separat gesteuerten Kernprozesse

- Innovationsprozess,
- Sales & Marketing-Prozess,
- Auftragsabwicklungs-Prozess und
- Customer-Service-Prozess (der Kunde kauft auf ihn zugeschnittene Services, Ende-zu-Ende Lösungen inkl. Serviceangebote; Produkte und Dienstleistungen wachsen zusammen)

© Springer Fachmedien Wiesbaden GmbH, ein Teil von Springer Nature 2019

C. Falkenreck, *Digitalisierungsprojekte erfolgreich planen und steuern,*

essentials, https://doi.org/10.1007/978-3-658-24890-1_2

verschmelzen miteinander. Ob neue digitale Produkte und Services erfolgreich im Unternehmen und in den Markt eingeführt werden können, hängt davon ab, dass der Mitarbeiter und der Kunde den Nutzen der Digitalisierung für sich und sein Unternehmen auch wahrnehmen. Hier ist die Projektkommunikation der Schlüssel zum Erfolg digitaler Projekte.

2.1   Zielgerichtete Projektkommunikation – Engagierte und motivierte Mitarbeiter in digitalen Projekten

Warum sollten die Vorgehensweisen bei digitalen Projekten, in denen Mitarbeiter eingebunden sind, anders sein? Projekte laufen doch eigentlich immer nach ähnlichen Mustern ab…

Wenn sich interne Arbeitsprozesse in digitale Prozesse ändern, sind Change-Management-Projekte erforderlich, weil die Mitarbeiter zu Beginn skeptisch und unsicher sind. Dies gilt insbesondere dann, wenn die Unternehmenskultur vor Beginn der Digitalisierungsprojekte eher hierarchisch ist und die Produkte und Services bislang eher weniger innovativ waren. Die Art und der Zeitpunkt der Einbeziehung der Vorgesetzten und Mitarbeiter spielen deshalb bei Digitalisierungsprojekten eine zentrale Rolle.

Wenn wir die Ausgangssituation in der Startphase von digitalen Projekten betrachten, bietet das Technology-Acceptance-Model (TAM 2) nach Venkatesh et al. (2003) eine inhaltliche Hilfestellung. In diesem Modell wird die Einstellung der Mitarbeiter zur Nutzung einer neuen Technologie als wesentlicher Faktor für die tatsächliche Nutzung diskutiert. Wichtige Einflussfaktoren sind außerdem der soziale Druck der Gruppe, der wahrgenommene Nutzen der innovativen Technologie, sowie die vom Mitarbeiter wahrgenommene einfache Bedienbarkeit durch die Digitalisierung. Auf diese Kriterien wird im Folgenden näher eingegangen.

▶ **Interne Kommunikation**
Sämtliche kommunikative Prozesse, die sich in einem Unternehmen zwischen Mitarbeitern der verschiedenen Abteilungen und Hierarchiestufen abspielen (von Alltags- bis hin zu Krisensituationen).

Das vordringlichste Ziel der internen Kommunikation besteht darin, das Denken, Fühlen und Verhalten der internen Anspruchsgruppen auf die strategischen Organisationsziele auszurichten, die Grundwerte zu pflegen und die Reputation der Unternehmensmarke (Employer Branding) zu stärken.

Die interne Kommunikation übernimmt eine wichtige Rolle bei der operativen Begleitung und Umsetzung von unternehmensbezogenen Veränderungsprozessen: Sie dient der informationsorientierten Vorbereitung der Mitarbeiter auf Veränderungen und erläutert rechtzeitig und zielgruppengerecht deren Notwendigkeit. Den Mitarbeitern soll die Angst vor Veränderungen genommen und unternehmensbezogene und persönliche Chancen aufgezeigt werden.

Die interne Kommunikation umfasst neben der reinen Informationsvermittlung sämtliche Prozesse, die bei der Informationsübertragung und dem Informationsempfang eine Beeinflussung vornehmen. Dies umfasst beispielsweise Antezedenzien (Auswahl des geeigneten Informationsmittels) und Konsequenzen (Interpretation der Botschaft). Führungskräfte und Mitarbeiter können hierbei sowohl als Sender als auch als Empfänger auftreten, wonach sämtliche Richtungen des Informationsflusses im Sinne einer Wechselseitigkeit (vertikal [abwärts/aufwärts] und horizontal [interaktiv]) berücksichtigt werden. Grundsätzlich gibt es für die interne kommunikative Praxis eine ganze Reihe unterschiedlicher Medien, die in der folgenden Tab. 2.1 aufgeführt sind. Die ausgewählten Medien unterscheiden sich je nach Zielsetzung. So gibt es gute Gründe, bei sehr massiven Bedenken gegen ein Digitalisierungsprojekt auf interaktive Medien wie Diskussionsforen und *Management by Walking Around* zurückzugreifen, um mit Mitarbeitern direkt ins Gespräch zu kommen. Andere Themen können in der Mitarbeiterzeitschrift oder in Newslettern zu Informationszwecken dargestellt und aufbereitet werden. Grundsätzlich wird die Medienwahl bei der Information zu Digitalisierungsprojekten also von einem eventuell benötigten direkten Feedback der Mitarbeiter abhängen.

Tab. 2.1 Übersicht über intern zur Verfügung stehende Kommunikationsmedien

Abwärts gerichtete Medien	Aufwärts gerichtete Medien	Interaktive Medien
Mitarbeiterzeitschriften	Mitarbeiterbefragung	Social Networks
Mitarbeiterbroschüren	Vorgesetztenbeurteilung	Mitarbeiter-App
Schwarzes Brett/Aushang	Betriebliches Vorschlagswesen	Diskussionsforen
Rundschreiben	Internes Beschwerdemanagement	Instant Messaging
Intranet, Podcast, Videos		Blogs, Micro Blogs
E-Mail		Wikis
Newsletter		Management by Walking-Around
Mitarbeiter-/Projekthandbuch		
Unternehmensrichtinien		

Einige Medien eigen sich besser als andere für den Einsatz bei Digitalisierungsprojekten. Bei der **Mitarbeiterzeitung** handelt es sich um ein regelmäßig erscheinendes Druckwerk, gegebenenfalls auch um eine online-Version. Zielgruppen sind neben den Mitarbeiter eines Unternehmens auch Pensionäre, Familienangehörige, Zulieferer, externe Partner, Kunden und Journalisten. Ziel dieses Mediums ist es, den jeweiligen Zielgruppen einen Gesamtüberblick des unternehmerischen Handelns im wirtschaftlichen Umfeld und den Entwicklungen und Zukunftsperspektiven des Unternehmens zu geben und alle Zielgruppen kontinuierlich in das Unternehmensgeschehen mit einzubeziehen. Eine Mitarbeiterzeitung kommt als Informationsmedium für neue digitale Projekte grundsätzlich infrage. Erste Informationen über anstehende Projekte, Projektinhalte und Zielsetzungen treffen hier auf interessierte Adressaten. Allerdings sollte – bedingt durch die sehr breit aufgestellte Zielgruppe – nicht zu sehr in die Tiefe gegangen werden. Der Unterhaltungsaspekt steht immer im Vordergrund.

Podcasts dienen dem Zweck der Verbreitung und des Empfangs von unternehmensbezogenen Audio- und Videobeiträgen innerhalb der Intra- oder Internetfunktion. Bei dieser Art der Informationsvermittlung handelt es sich häufig um persönliche Ansprachen der Geschäftsführung, es kann durch dieses Medium eine deutlich höhere Emotionalität erzeugt werden. Einer hohen Aktualität und Geschwindigkeit der internationalen Botschaftsübermittlung stehen ein hoher Zeitaufwand und vergleichsweise hohe Produktionskosten gegenüber. Bei einer internationalen Belegschaft sind Podcasts eine gute Möglichkeit, alle Mitarbeiter zeitgleich über die Hintergründe und Ziele der anstehenden Digitalisierungsprojekte direkt durch die Geschäftsführung zu informieren – in allen nötigen Sprachen.

Bei der **Mitarbeiterbefragungen** handelt es sich um Erhebungen, die in Form von Fragebögen, Interviews oder Gruppendiskussionen durchgeführt werden. Ziel ist neben der Erfassung konkreter Mitarbeiterbedürfnisse, -einstellungen und -kenntnisse, auch die Aufrechterhaltung einer Dialogkultur. Mitarbeiterbefragungen können den Abbau der sozialen Distanz zwischen den Hierarchie-Ebenen in Unternehmen fördern – insbesondere wenn der Präsentation der Befragungsergebnisse Workshops zur Behebung von internen Schwachstellen folgen. Bezogen auf digitale Projekte können Mitarbeiterbefragungen zur Ermittlung von Akzeptanzhürden geplanter Änderungen dienen. Auch der Erfolg von bereits durchgeführten Projekten bzw. internen Maßnahmen lässt sich durch Mitarbeiterbefragungen ermitteln. Möglich wäre beispielsweise die anonyme Befragung unter Einbeziehung der so genannten **Widerstandsskala** (siehe Abschn. 1.1). Optimalerweise wird die Frage nach dem Widerstand gegen das Projekt in regelmäßigen Abständen wiederholt, um positive oder auch negative Veränderungen

erkennen zu können. Wichtig für die erfolgreiche Durchführung von Mitarbeiterbefragungen sind die unbedingte Einhaltung der Anonymität sowie die tatsächliche Integration des erhobenen Feedbacks bei der anschließenden Planung und
Umsetzung konkreter Projekte bzw. Maßnahmen. Bei sehr großem Widerstand
sind Mitarbeiterbefragungen die zuverlässige Ausgangsbasis für weitere Schritte
wie z. B. Maßnahmenworkshops. Vorgesetzte dürfen vor den aus Workshops abzu-
leitenden internen Veränderungen nicht zurückschrecken, sondern sollten diese als
Chance für die Erhöhung der Akzeptanz von Digitalisierungsprojekten verstehen.
Wie bei anderen Mitarbeiterbefragungen ist es auch im Zusammenhang mit
Digitalisierungsprojekten fatal, die Ergebnisse dieser Befragungen nicht intern zu
veröffentlichen, sondern unter Verschluss zu halten. Allerdings kann es notwendig
sein, mögliche Konsequenzen aus der Befragung zunächst gemeinsam mit dem
Management zu erarbeiten.

Im Rahmen des **betrieblichen Vorschlagswesens** wird der Belegschaft die
Möglichkeit eingeräumt, sich aktiv an der Weiterentwicklung des Unternehmens
zu beteiligen. Die Digitalisierung beeinflusst auch die Interaktivität eines neuen
betrieblichen Vorschlagswesens: Die Einbindung von Crowd-Sourcing-Plattformen
in Gestalt sogenannter **Collaborative Tools** innerhalb des betriebseigenen Intra-
nets ermöglichen eine Vernetzung der Mitarbeiter hinsichtlich der Einbringung,
Entwicklung und Bewertung von Ideen und fördern dadurch die Qualität und
Relevanz konkreter Vorschläge. Zur Steigerung der Motivation und Partizipation
der Mitarbeiter sollte die Annahme von Vorschlägen seitens der Geschäftsleitung
honoriert und die Rahmenbedingungen sowohl für die Auswahl als auch für eine
mögliche Umsetzung der Verbesserungsvorschläge für die Belegschaft transparent
gemacht werden.

Zur Förderung der internen Kommunikation kann auf interaktive, digitale
Medien zurückgegriffen werden. Das so genannte **Social Intranet** bietet digital gestützte, interaktive Dialogkommunikation in Form von Instant Messaging
Tools, Wikis, Blogs und Foren. Diese bieten themenspezifischen, abteilungs- und
hierarchieübergreifenden Informationsaustausch. Wissensgetriebene **Knowledge-
Blogs** als Untergruppe von Corporate Blogs entwickeln, dokumentieren und
verbreiten themenspezifisches Wissen. Mitarbeiter können eigene Profile mit
Angaben zu beruflichen und privaten Interessen und Fähigkeiten anlegen, um in
den sich herausbildenden digitalen Netzwerken zu interagieren und kommunizieren. Ziel der Knowledge-Blogs ist die Förderung der Vernetzung und Interaktion
der Belegschaft untereinander sowie mit dem Unternehmen.

Auch wenn der Ansatz des „**Management-by-Walking-Around**" bereits
seit einigen Jahren von Unternehmen praktiziert wird, sollte auf diese Art der
Kommunikation im Zusammenhang mit den Herausforderungen bei digitalen

Projekten noch einmal explizit eingegangen werden. Die Förderung des persönlichen und unmittelbaren Kontakts zwischen Mitarbeitern und Führungskräften bzw. dem Top-Management hat einen großen Einfluss auf die Vertrauenskultur und Kooperationsbereitschaft im Unternehmen. Führungskräfte sollen durch „Management-By-Walking-Around" Maßnahmen den direkten Kontakt suchen und Gesprächsangebote, beispielsweise bei der Besichtigung der Produktionshallen oder im Rahmen gemeinsamer Frühstücksangebote oder Mittagessen unterbreiten. Offene Kommunikation über Hierarchie-Ebenen hinweg steigert auch bei Digitalisierungsprojekten die Akzeptanz der Belegschaft.

2.2   Interne Digitalisierungsprojekte – Chancen und Risiken

Wann sind digitale Projekte bei Mitarbeitern und Führungskräften erfolgreich? Folgende Empfehlungen basieren erneut auf den Ergebnissen der Studien um das Technology-Acceptance-Model (TAM 2) nach Venkatesh et al. (2003). Wir können bei digitalen Projekten folgende technischen und kommunikativen Grundanforderungen formulieren:

- Es sollte eine einfache Bedienung der neuen Digitalisierungstechnik sichergestellt werden.
- Die Nutzung des Tools bzw. des neuen digitalen Prozesses ist nach Möglichkeit (zunächst) freiwillig,
- den Vorgesetzten und der Belegschaft sollte die Relevanz des Projektes für sie selber und für das Unternehmen klar sein – und
- es gibt eine eindeutige Unterstützung der Vorgesetzten und der Geschäftsleitung zur Durchführung des Projektes.

Ein wesentlicher Faktor bei der erfolgreichen Einführung von Digitalisierungen ist nach dem TAM2 Modell die so genannte „subjektive Norm". Die Absicht, eine Handlung auszuführen, hängt davon ab, ob andere Personen (Freunde, Kollegen, Vorgesetzte) dies für wichtig erachten: Welches Verhalten erwartet mein Umfeld von mir? Für Digitalisierungsprojekte bedeutet dies: die positive Einstellung der Vorgesetzten sowie der sogenannten Meinungsführer innerhalb der Teams kann darüber entscheiden, ob digitale Projekte mit viel oder mit wenig Widerstand eingeführt werden. Hierbei spielt u. a. die Unternehmenskultur eine entscheidende, wegbereitende Rolle. Unternehmen mit starren, hierarchischen Strukturen haben es schwerer, sich auf die neuen, netzwerkgetriebenen Formen der Zusammenarbeit einzulassen. Die durch die Digitalisierung vorangetriebenen flachen Hierarchien verändern bzw. erweitern Freiräume von Mitarbeitern. Das Arbeiten in virtuellen Teams beeinflusst u. a. die Mitarbeiterführung und die Kontrollmöglichkeiten durch Vorgesetzten. Digitale Veränderungen führen nicht zuletzt zu Anpassungen in der Personalführung im Allgemeinen und in der Führungsstruktur im Besonderen. Als Konsequenz müssen umfassende Digitalisierungsprojekte auch zu einem Umdenken in der Unternehmenskultur führen. Ein klassischer, hierarchischer top-down Führungsansatz mit starren Teams wird vor dem Hintergrund von virtuellen Teams und der Mensch-Roboter Kollaboration den Anforderungen und Wünschen der Mitarbeiter nicht mehr gerecht.

Wie eingangs diskutiert ist sich die aktuelle Forschung darüber einig, dass die Nutzung eines neu einzuführenden Tools bzw. eines neuen digitalen Prozesses (zunächst) freiwillig sein sollte. Eventuell können hier monetäre bzw. karrieretechnische Anreize die Überzeugungsarbeit unterstützen. Auch der Einsatz von Mitarbeitern, die bereits mit dem neuen Tool arbeiten, als sogenannte Botschafter des Digitalisierungsprojektes und Ansprechpartner innerhalb der Abteilungen, ist eine sinnvolle Option. Dadurch werden Mitarbeitern Ansprechpartner auf Augenhöhe geboten, die Hemmschwelle, sich bei Kollegen nach den neuen Projekten zu erkundigen, ist gering.

Welche Vorgehensweise ist bei der Durchführung von Change-Projekten zum Thema Digitalisierung hilfreich, um die Mitarbeiterakzeptanz zu steigern? Information und Verständnis gehen Hand in Hand: Wer von seinen Mitarbeitern Veränderungsbereitschaft, Aufgeschlossenheit und Anpassungsfähigkeit, Mobilität und Flexibilität, sowie die Fähigkeit einer unternehmerischen Denk- und Handlungsweise einfordert, muss sich der Belegschaft gegenüber entsprechend verhalten: Meinungen anhören und respektieren, Befürchtungen ernst nehmen und dem Auftrag nach *„aktueller, glaubwürdiger, sachgerechter und ausgewogener Information"* nachkommen. Nur dann wird erreicht, dass Mitarbeiter die Herausforderungen, die mit Digitalisierungsprojekten auf sie zukommen, annehmen und sich aktiv an diesen Veränderungsprozessen beteiligen.

Wie kann die Kommunikation zu digitalen Projekten so gestaltet werden, dass dies auf einer vertrauensvollen Basis geschieht? Wenn zwischen Geschäftsleitung bzw. den Initiatoren der Veränderungsprozesse und der Belegschaft eine Vertrauensbasis besteht, sind Mitarbeiter trotz persönlicher Verunsicherung und Ängsten grundsätzlich eher bereit, die Veränderungsprozesse mit zu(er)tragen. Maßnahmen zur Vertrauensbildung in Projekten sind beispielsweise: Projektleitung und -teams mit Personen zu besetzen, denen aufgrund ihrer Position im Unternehmen, der persönlichen Eigenschaften oder positiven Projektverwirklichungen in der Vergangenheit ein großes Vertrauen entgegengebracht wird. Zu Beginn der Projektphase werden den betroffenen Mitarbeitergruppen die Projektleiter und Ansprechpartner vorgestellt. Es sollte darauf geachtet werden, Informationen zielgruppenspezifisch – entsprechend der unterschiedlichen Interessenlage – auszurichten: über welche unternehmensinternen Medien informieren sich die betroffenen Zielgruppen normalerweise? Alle Informationen müssen aber zu einander kompatibel sein und die gleichen Kernbotschaften enthalten.

Im Hinblick auf die Akzeptanz von Digitalisierungsprojekten in Unternehmen ist es für den Projekterfolg wichtig, die Ängste der Mitarbeiter bzgl. Kompetenzdefiziten und Arbeitsplatzverlust sowie Orientierungslosigkeit im Umgang mit der neuen Technik zu diskutieren. Beginnen wir mit der Bewertung des sozialen Umfelds der Mitarbeiter und stellen uns als ProjektleiterIn die folgenden Fragen:

A. Was müssen wir tun, damit dieses Projekt ganz sicher scheitert?
Auf den ersten Blick scheint diese Frage ungewöhnlich. Sie zwingt jedoch die Projektverantwortlichen, über die Herausforderungen und Risiken des Projektes nachzudenken und bietet für das erste Teammeeting viel Gesprächsstoff für eine offene Diskussion. Die folgenden Fragen dienen bei Projekten der Identifikation von Führungskräften und Mitarbeitern, die in die Projektkommunikation eingebunden werden sollten:

1. Wer beeinflusst das Projekt?
2. Wer wird durch das Projekt beeinflusst?
3. Wer hat ein elementares Interesse, dass das Projekt ein Erfolg wird?
4. Wer würde das Projekt gern scheitern lassen?
5. Wer könnte das Projekt promoten und unterstützen, wer könnte es torpedieren?

Dadurch, dass sich die Projektleiter gedanklich mit dem möglichen Scheitern des Projektes auseinandersetzen, durchdenken sie mögliche Schwierigkeiten, bevor sie tatsächlich eingetreten sind. Kritische Mitarbeiter- und Kundengruppen werden identifiziert. Erst in einem zweiten Schritt wird dann die Frage nach dem messbaren Projektziel gestellt. Frage 1 hat Einfluss auf die Formulierung von Frage 2 – insbesondere, wenn das Projekt in- und extern eher kritisch gesehen wird.

B. Welches messbare Projekt- und Kommunikationsziel möchten wir bis wann erreichen?
C. Durchführung der Umfeld bzw. Promotorenanalyse

Um zu erkennen, wer innerhalb des Unternehmens das Digitalisierungsprojekt eher unterstützen (Promotor) oder negativ beeinflussen (Opponent) kann bzw. wer sich dem Projekt gegenüber eher neutral verhält, müssen zunächst alle durch das Projekt betroffene Gruppen erfasst werden. Folgende Leitfragen unterstützen bei der Identifizierung der einzelnen Gruppen:

1. Erfassung der durch das Digitalisierungsprojekt betroffenen Mitarbeitergruppen, Verwendung der Digitalisierungsoption (zunächst) freiwillig oder verpflichtend? Ab wann?
2. Positive bzw. negative Auswirkungen der Digitalisierung?
3. Anzahl Promotoren (Befürworter), Opponenten (Gegner), unentschlossene Mitarbeiter?
4. Wünsche, Ängste und Ziele innerhalb obiger Mitarbeitergruppen?
5. Fürsprecher (Multiplikatoren) für das Projekt?

Im Rahmen einer Umfeld bzw. Promotorenanalyse werden die Gruppen aufgelistet, innerhalb der Gruppen der Anteil an Promotoren, Opponenten und neutralen Mitarbeitern prozentual geschätzt, sowie Wünsche, Ziele und Ängste innerhalb der jeweiligen Gruppen thematisiert. Anschließend wird folgende Leitfrage zur Erstellung eines Kommunikationsplans gestellt:

D. Was (Botschaft) soll zu wem (Zielgruppe) über welches Kommunikationsobjekt (gesamtes Projekt oder Teilprojekt) über welches Medium kommuniziert werden?

Auf Basis dieser Fragestellung wird ein innerhalb der Projektphasen verankerter Kommunikationsleitfaden entwickelt, der den groben Inhalt als Basis für einen detaillierten Kommunikationsplan beschreibt. Die Abb. 2.1 fasst den oben beschriebenen Prozess an einem Beispiel-Digitalisierungsprojekt zusammen:

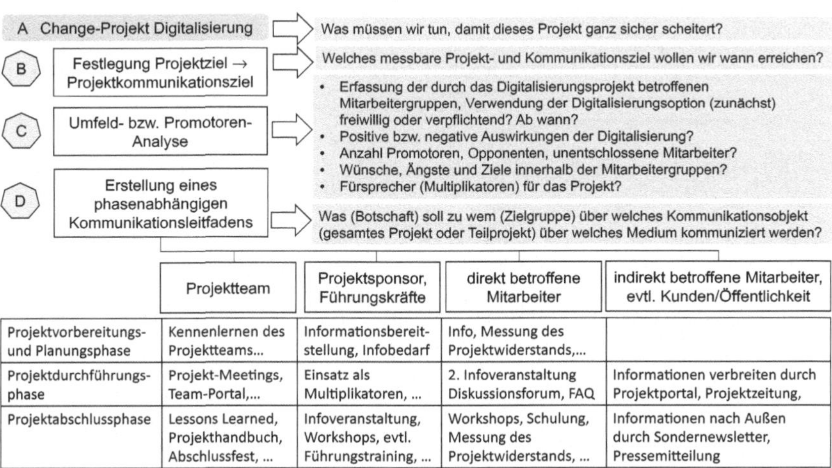

	Projektteam	Projektsponsor, Führungskräfte	direkt betroffene Mitarbeiter	indirekt betroffene Mitarbeiter, evtl. Kunden/Öffentlichkeit
Projektvorbereitungs- und Planungsphase	Kennenlernen des Projektteams…	Informationsbereitstellung, Infobedarf	Info, Messung des Projektwiderstands,…	
Projektdurchführungsphase	Projekt-Meetings, Team-Portal,…	Einsatz als Multiplikatoren, …	2. Infoveranstaltung Diskussionsforum, FAQ	Informationen verbreiten durch Projektportal, Projektzeitung,
Projektabschlussphase	Lessons Learned, Projekthandbuch, Abschlussfest, …	Infoveranstaltung, Workshops, evtl. Führungstraining, …	Workshops, Schulung, Messung des Projektwiderstands, …	Informationen nach Außen durch Sondernewsletter, Pressemitteilung

Abb. 2.1 Phasen eines Change-Projektes im Bereich der Digitalisierung

Basierend auf dem phasenabhängigen Kommunikationsleitfaden aus Abb. 2.1 wird ein detaillierter, projektphasen-abhängiger Kommunikationsplan (E) erstellt, der alle am Change-Projekt zur Digitalisierung involvierten Interessengruppen berücksichtigt – angefangen vom Projektteam, über Informationen für Führungskräfte und Betriebsrat, betroffene Mitarbeiter bis hin zu allgemeinen Informationen an die übrige Belegschaft und andere Anspruchsgruppen. Der Kommunikationsplan wird im Laufe der einzelnen Projektphasen wirksam und muss im Rahmen der Budgetkalkulation im Projektkostenplan berücksichtigt werden: Welche Kommunikationsmaßnahmen werden innerhalb welcher Projektphasen benötigt, welche Kosten entstehen dadurch? Neben der Zielsetzung der einzelnen Maßnahmen werden im Kommunikationsplan die betreffende Zielgruppe, sowie die persönliche Verantwortlichkeit für diese Kommunikationsmaßnahme und der zeitliche Rahmen erfasst.

Der in Abb. 2.2 dargestellte Kommunikationsplan stellt sicher, dass alle unterschiedlichen internen Interessengruppen erfasst und zur gegebenen Zeit kommunikativ berücksichtigt werden. So werden im obigen Beispiel den Führungskräften zu einem frühen Zeitpunkt z. B. über eine geschützte Intranet-Plattform Projektinformationen bereitgestellt. Die Verantwortung für die Weitergabe dieser Informationen an die vom Digitalisierungsprojekt betroffenen Mitarbeiter bzw. an die übrigen internen Anspruchsgruppen (Betriebsrat, weitere nationale und internationale Mitarbeiter) findet im Austausch und möglichst in Übereinstimmung mit der Projektgruppe, dem Projektsponsor (interner Auftraggeber) sowie den Führungskräften statt. Gegebenenfalls können im Kommunikationsplan auch Informationen für externe Anspruchsgruppen

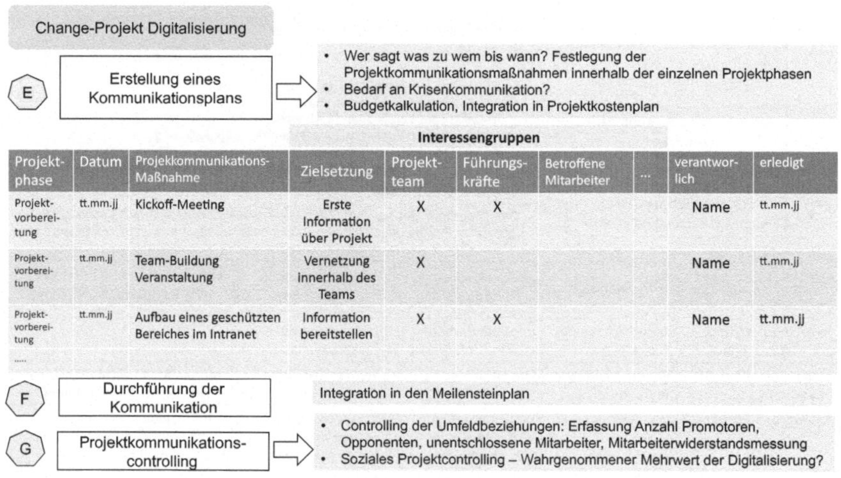

Projektphase	Datum	Projekkommunikations-Maßnahme	Zielsetzung	Interessengruppen					
				Projektteam	Führungskräfte	Betroffene Mitarbeiter	…	verantworlich	erledigt
Projektvorbereitung	tt.mm.jj	Kickoff-Meeting	Erste Information über Projekt	X	X			Name	tt.mm.jj
Projektvorbereitung	tt.mm.jj	Team-Buildung Veranstaltung	Vernetzung innerhalb des Teams	X				Name	tt.mm.jj
Projektvorbereitung	tt.mm.jj	Aufbau eines geschützten Bereiches im Intranet	Information bereitstellen	X	X			Name	tt.mm.jj
.....									

Abb. 2.2 Phasen eines Change-Projektes im Bereich der Digitalisierung 2/2

(z. B. Kunden, Lieferanten, die Öffentlichkeit) enthalten sein, sofern eine Weitergabe dieser Informationen sachlich sinnvoll erscheint bzw. die externen Anspruchsgruppen in einem zweiten Schritt ebenfalls von dem geplanten Digitalisierungsprojekt betroffen sein werden. Die Durchführung der Kommunikation (F) findet schließlich Eingang in den Meilensteinplan, abschließend folgt das Projektkommunikationscontrolling (G).

2.3 Externe Digitalisierungsprojekte – Chancen und Herausforderungen

Industrielle Produktionsanlagen enthalten eine Vielzahl von Sensoren, deren Informationen zur Steuerung der Produktion und Logistik verwendet werden. Typischerweise werden diese Daten durch spezielle, abgeschlossene Systeme gesammelt und ausgewertet. Werden erstens diese Daten für alle Zwecke (des Unternehmens) zur Verfügung gestellt und wird zweitens die Anzahl der Sensoren drastisch erhöht, kann eine erhebliche Optimierung des Produktionsprozesses realisiert werden (Andelfinger und Hänisch 2014).

Neue technologische Möglichkeiten und Innovationen (z. B. die der Mensch-zu-Mensch-, Mensch-zu-Maschine- und Maschine-zu-Maschine-Kommunikation und -Interaktion) bieten die Chance, das Verhältnis zwischen dem Unternehmen und seinen Kunden grundlegend weiter zu entwickeln.

In der Industrieautomation, dem Aufbau künftiger Energienetze oder der Produktentwicklung – überall spielt die Vernetzung per Internettechnik eine zentrale Rolle. Eine stark vernetzte Wertschöpfungskette passt sich noch flexibler an Marktschwankungen und Kundenwünschen an als ein starres System. Um flexibler agieren zu können, werden Lösungen sowohl bei der Software als auch bei den mechanischen und mechatronischen Produkten zunehmend modular gestaltet.

Drei Chancen für Kunden in Digitalisierungsprojekten beziehen sich auf den Bereich der Produktion.

1. Individualisierung
Die Berücksichtigung individueller und kurzfristiger Kundenwünsche beim Design sowie bei der Planung und Produktion außerhalb der vorgedachten Konfiguration der Serienfertigung u. a. durch ein durchgängiges digitales Engineering. Die Rentabilität bei der Produktion von Kleinstmengen (Losgröße 1).

2. Flexibilisierung
Flexibilisierung und Verkürzung der Lead-Time (Reaktion auf Kundenanfragen) und Time-to-Market (Verkürzung der Entwicklungszeiten), u. a. durch digitales Engineering, 3D-Druck im Prototypenbau oder durch Predictive Analytics.

Dynamische Geschäftsprozessgestaltung durch Ad-hoc-Vernetzung von cyber-physischen Produktionssystemen (CPPS).

Schnelle, flexible Reaktion auf Veränderungen (u. a. Ausfälle von Zulieferern oder kurzfristige Erhöhung von Liefermengen).

Schnelle und flexible Entscheidungsfähigkeit sowie globale und lokale Optimierungen in der Entwicklung und Produktion anhand einer durchgehend (digitalen) Transparenz in Echtzeit.

3. Produktivitätssteigerung

Ressourceneffektivität und -effizienz durch die Optimierung der Produktion hinsichtlich Ressourcen- und Energieverbrauch sowie Emissionen.

Predictive Maintenance im Produktions- und Servicebereich (Vorhersage und Optimierung von erforderlichen Wartungsprozessen).

Umfangreiche Simulationsmöglichkeiten der Geschäftsprozesse aufgrund eines durchgängigen digitalen Engineerings und dem Einsatz von Technologien wie Augmented Reality (AR) und Virtual Reality (VR).

Die Risiken bei externen Digitalisierungsprojekten beziehen sich – neben einer Reihe von technischen Risiken – hauptsächlich auf die Akzeptanz dieser Projekte im (potenziellen) Kundenkreis. Werfen wir hierzu einen Blick auf die Ergebnisse der drei Studien an der Hochschule Hof, die sich auf Digitalisierungsprojekte bei unterschiedlichen Kundenkreisen beziehen (siehe hierzu auch Falkenreck und Wagner 2017). Aus der Abb. 2.3 geht hervor, dass das Vertrauen in die Lieferanten bzw. Hersteller innerhalb der verschiedenen Branchen sehr unterschiedlich ist: Das Vertrauen in den Umgang mit Kundendaten ist bei Maschinenbau-Kunden sowie bei universitären Kunden deutlich höher als beispielsweise bei Kunden des öffentlichen Dienstes, die im Bereich der kritischen/nicht kritischen Infrastruktur Deutschlands tätig sind (n = Stichprobengröße).

Fazit

Bei in- und externen Digitalisierungsprojekten gilt es zu bedenken, dass die Vorbehalte, Wünsche und Ziele der unterschiedlichen Projektzielgruppen vielfältig sind. Die Frage „was müssen wir tun, um dieses Projekt scheitern zu lassen" hilft Ihnen, Herausforderungen im Projekt rechtzeitig zu erkennen, zu benennen und gegenzusteuern.

Die frühzeitige Integration verschiedener interner und externer Anspruchsgruppen und eine zielgruppengerechte Kommunikation verringern den Widerstand und reduzieren Vorbehalte gegen Ihr Digitalisierungsprojekt.

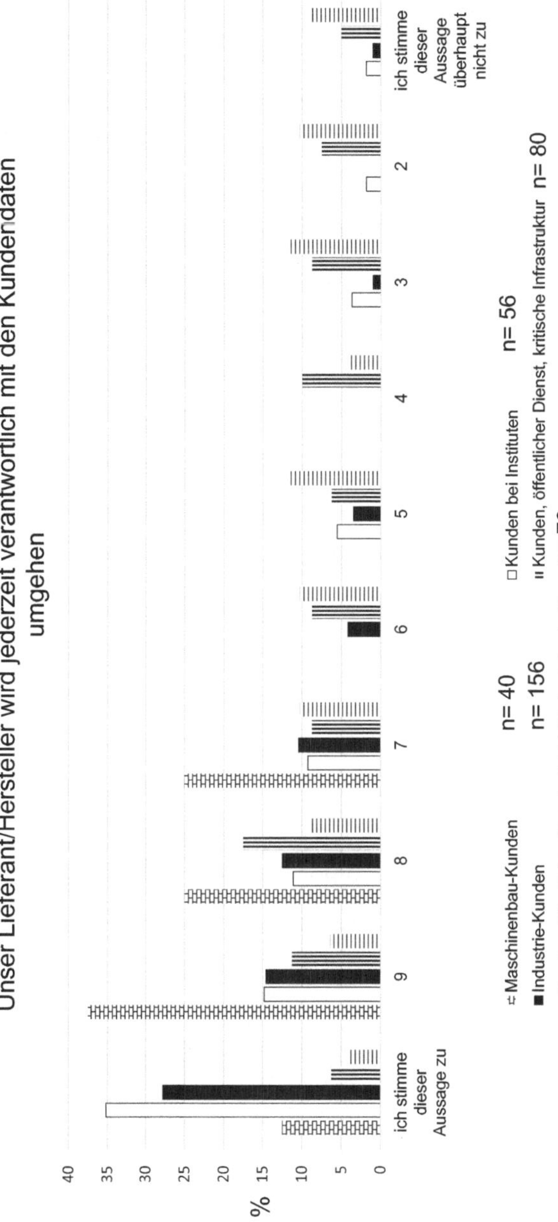

Abb. 2.3 Einstellung von Kunden zum Umgang mit ihren Daten

Vier-Phasen für erfolgreiche Digitalisierungprojekte

3

Was Sie in diesem Kapitel finden können

- Einen extern verwendbaren Prozessleitfaden für Digitalisierungsprojekte, unterteilt in vier Phasen
- Eine Übersicht, die die Möglichkeiten und Herausforderungen von Digitalisierungsprojekten für Hersteller und Kunden zusammenfasst und praktische Hinweise zur Integration der Marketing-Kommunikation sowie zum Erhalt und Ausbau der Kundenbeziehungsqualität gibt.

Um Digitalisierungsprojekte mit Kunden erfolgreich umzusetzen sind – bedingt durch die eingangs diskutierte Disruption und die hierdurch verursachten Veränderungen in der Handhabung der neuen Services – bestimmte Vorgehensweisen einzuhalten, um dem Kunden das Mitwirken an diesen neuen digitalen Serviceangeboten zu erleichtern, seine Akzeptanz für diese besonderen, neuen Projekte zu erhöhen und seine Kundenzufriedenheit zumindest zu erhalten.

Die in Abschn. 2.2 vorgestellte Vorgehensweise zur konkreten, auch kommunikativen, Projektabwicklung (Abb. 2.1 und 2.2) wird immer dann inhaltlich flankierend zu den im folgenden vorgestellten 4-Phasen Plan verwendet, wenn es um Details der praktischen Projektabwicklung geht – der Definition des Projektziels, die Durchführung von Umfeldanalysen, die Entwicklung und Umsetzung des Kommunikationsleitfadens. Der 4-Phasen Plan stellt das übergeordnete, grundsätzliche Vorgehen in Digitalisierungsprojekten beispielhaft dar und lehnt sich in der Benennung der einzelnen Phasen an die allgemeinen Vorgehensweisen im Projektmanagement an.

Die in Abb. 3.1 dargestellte Gesamtübersicht über die vier Phasen wird im Folgenden auf die einzelnen Phasen heruntergebrochen und die Prozess-Schritte

© Springer Fachmedien Wiesbaden GmbH, ein Teil von Springer Nature 2019
C. Falkenreck, *Digitalisierungsprojekte erfolgreich planen und steuern*,
essentials, https://doi.org/10.1007/978-3-658-24890-1_3

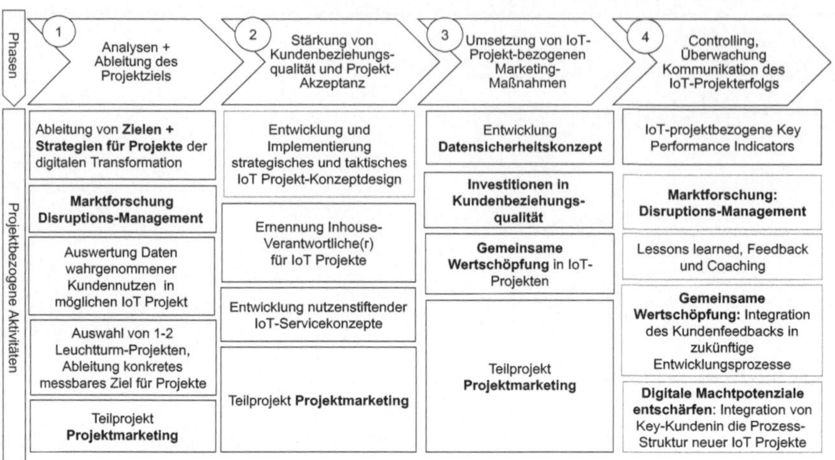

Abb. 3.1 Vier Phasen erhöhen den Erfolg von Digitalisierungsprojekten

näher beschrieben. Dabei werden die besonderen Chancen und Risiken von Digitalisierungsprojekten hervorgehoben.

Phase 1: Analyse und Ableitung der Zielsetzung

Geplante Digitalisierungsprojekte sollten einen Platz in der Unternehmensstrategie haben, eine messbare Zielsetzung bildet die Grundlage: Wichtig für die praktische Umsetzung ist deshalb eine offene interne Diskussion zur Ableitung von Zielen und Strategien für Projekte der digitalen Transformation. Das Ergebnis dieses ersten Schritts bildet die Grundlage für den Erfolg aller weiteren Teilschritte und Phasen und sollte deshalb unbedingt alle Entscheider einbinden. Wo möchte das Unternehmen bzgl. der digitalen Transformation in fünf Jahren stehen? Um das Wissen innerhalb der Branche in die Digitalisierungsstrategie zu integrieren, wird in einer internationalen Marktforschungsstudie das Kundenfeedback zu diesem Thema gesammelt. Kundengruppen können auf Basis der Ergebnisse der Marktforschungsstudie eingeteilt werden in besonders kritische, besonders innovative oder besonders offene Kunden. Auf eine der letzten beiden Kundengruppen sollte zu einem späteren Zeitpunkt des Projektes zurückgegriffen werden.

Welchen Nutzen erhoffen sich Kunden von Digitalisierungsprojekten und wie ist ihre Einstellung zur digitalen Transformation im Allgemeinen? In Abschn. 1.2 wurde die Vorgehensweise der externen Pain-Point Analyse beschrieben, die

Antwort auf diese Fragen liefern kann. Das dort gewonnene Wissen bildet die inhaltliche Grundlage nicht nur für digitale Serviceangebote – sondern auch für die Auswahl von Kunden als strategische Projektpartner für ein bis zwei Leuchtturmprojekte. Erfahrungsgemäß handelt es sich hierbei um eher innovativ ausgerichtete langjährige Kunden, die gegenüber Digitalisierungskonzepten offen sind. Anschließend – um die Kapazitäten in Projekten zu kanalisieren – werden diese Leuchtturmprojekte gemeinsam mit Projektpartnern (Zulieferer, Kunden) definiert und geplant. Die Marketing-Kommunikation in dieser ersten Projektphase konzentriert sich auf die Auswertung der von Kunden in Digitalisierungsprojekten genutzten Kommunikationskanäle – um Kommunikationskonzepte, die auf diese Kanäle zugeschnitten sind, mit dem Projektteam abzustimmen und zu entwickeln. Abb. 3.2 fasst die einzelnen Teilschritte der Phase 1 zusammen.

Phase 2: Stärkung der Kundenbeziehungsqualität und der Projektakzeptanz
Wie Abb. 3.1 bereits verdeutlicht – die Umsetzung von Digitalisierungsprojekten erfordert einen besonderen Ablaufplan, welches in einem strategischen und taktischen Digitalisierungsprojekt-Design Berücksichtigung findet. Hierzu gehört auch die Auswahl und Ernennung eines Inhouse-Verantwortlichen (Chief Digital Officer), der einer oberen Führungsebene angehören sollte, bzw, eines Teams für Digitalisierungsprojekte. Eine der ersten Aufgaben des Chief Digital Officers bzw. dieses Teams ist die Entwicklung eines Datensicherheitskonzepts, welches

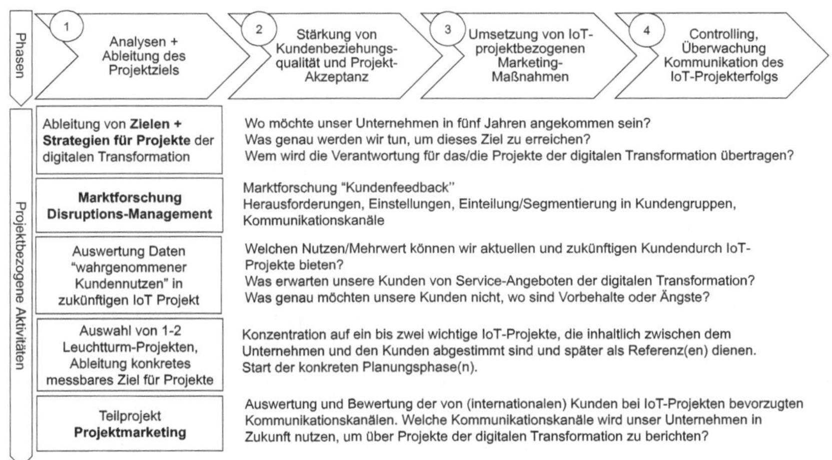

Abb. 3.2 Phase 1, Analysen und Ableitung des Projektziels

auf dem Input der Marktforschungsstudie bei den unterschiedlichen Kunden-zielgruppen basiert: Der Chief Digital Officer (oder das Team) entwickelt einen Prozess, der über Auswahlkriterien für zukünftige Digitalisierungsprojekte ent-scheidet: Welche Kriterien führen dazu, dass Digitalisierungsprojekte nach ihrer Präsentation als „soll-Projekte" oder als „kann-Projekte" eingestuft werden? Diese übergreifenden, transparenten und nachvollziehbaren Kriterien sollten gemeinsam mit der Entwicklungs- und Vertriebsabteilung erarbeitet werden und orientieren sich an der Zielsetzung und strategischen Ausrichtung des Unternehmens.

Den Fragen „Was müssen wir tun, um unsere Kunden von der Sinnhaftigkeit unserer neuen digitalen Services zu überzeugen? Welche Vorbehalte gibt es noch? Wie wollen wir argumentativ mit diesen Vorbehalten umgehen?" geht das Teilprojekt *Projektmarketing* nach, basierend auf den Ergebnissen der Markt-forschungsstudie in Phase 1. Es wird ein Kommunikationsleitfaden (siehe Abb. 2.1 und 2.2) erarbeitet, der sich am veränderten Kommunikationsbedarf der internen und externen Zielgruppen orientiert.

In das taktische Digitalisierungsprojektdesign werden in Datenbanken für die zukünftige Kunden-Projektkommunikation die in Phase 1 festgelegten Kommunikationskanäle hinterlegt. Dieses Wissen bildet die Basis für eine „Kom-munikation auf Augenhöhe". Die mit der Planung und Durchführung der Leucht-turmprojekte beauftragten Projektteams nehmen ihre Arbeit auf und stimmen sich zunächst mit den Inhouse-Verantwortlichen für IoT-Projekte ab: Passen die ausgewählten Leuchtturm-Projekte in das Kriterien-Schema für „Soll-Projekte"? Abb. 3.3 stellt die Detailschritte der Phase 2 dar, der Schwerpunkt liegt auf der Entwicklung eines internen Prozesses zur Stärkung der Kundenbeziehungsquali-tät und auf der Erhöhung der internen und externen Projektakzeptanz.

Phase 3: Umsetzung
Was hat unser Unternehmen vor – und wie profitieren unsere Mitarbeiter und Kunden von unseren Digitalisierungsprojekten?

Die Befragungen, der dieser Veröffentlichung zugrunde liegen, zeigen, dass die Mehrzahl der Kunden große Vorbehalte bezüglich der zukünftigen Sicherheit ihrer Daten hat. Für den Erfolg von digitalen Serviceprojekten bei Ihren Kunden ist die Entwicklung und Umsetzung eines Datensicherheitskonzepts von großer Bedeutung. Liegt dieses Konzept für ein Digitalisierungsprojekt vor, muss es dem Chief Digital Officer präsentiert, von diesem freigegeben und durch das Projekt-marketing zur Kommunikation vorbereitet werden.

Hierfür ist eine persönliche Kommunikation einer „Rundmail an alle Mit-arbeiter und Kunden" auf jeden Fall vorzuziehen. Dadurch, dass das Wissen zum Thema Digitalisierung momentan sowohl bei Kunden als auch bei Mit-arbeitern noch sehr begrenzt ist, bietet es sich an, sowohl diese Wissen, als auch

Abb. 3.3 Phase 2 – Stärkung von Kundenbeziehungsqualität und Projekt-Akzeptanz

die Akzeptanz zu diesem Themengebiet durch in- und externe Workshops und Kundentage aufzubauen bzw. zu erhöhen. Die Ergebnisse dieser Veranstaltungen werden anschließend zeitnah in in- und externen Kommunikationskampagnen den Mitarbeitern und dem Kundenstamm zugänglich gemacht. Das Unternehmen stellt seine Leuchtturmprojekte vor, integriert Mitarbeiter und Kunden dadurch in die Digitalisierungsprojekte und präsentieren alle nötigen Details aus dem Daten- sicherheitskonzept. Ziel ist es, durch diese Art der offenen Kommunikation zu Partnern auf Augenhöhe für Mitarbeiter, Zulieferer und Kunden zu werden.

Bei der Auswahl und Integration von Kunden ist es für den späteren Projekt- erfolg wünschenswert, dass der für eines der Leuchtturmprojekte ausgewählte strategische Partner bzw. Kunde ein innovativer Player im Markt ist. Durch erste, positive Referenzen gewinnen die Leuchtturmprojekte in- und extern an Glaubwürdigkeit, das Unternehmen wirbt hierdurch aktiv um das Vertrauen seiner (potenziellen) Kunden in zukünftige Digitalisierungsprojekte.

Die in- und externe Unternehmenskommunikation greift bei der Auswahl von Kommunikationskanälen auf die Daten der Marktforschung zurück (Input aus Phase 1: Über welche Kanäle informieren sich unsere Mitarbeiter und Kunden, wenn es um die digitale Zukunft geht?). Diese Kanäle werden genutzt, um Zulieferern, Kunden und Mitarbeitern zu erklären, wie sie durch die Digitalisierungsprojekte profitieren werden. Abb. 3.4 beschreibt die Teilschritte der Phase 3 und hat ihren inhaltlichen Schwerpunkt in der praktischen Kundenintegration.

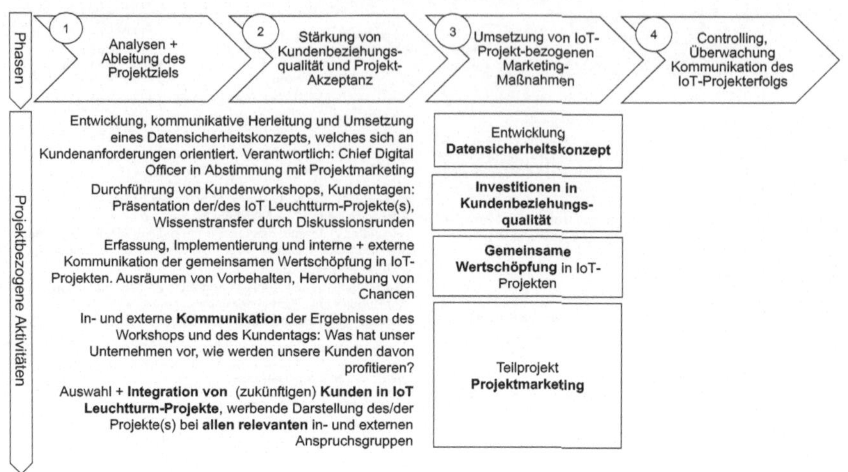

Abb. 3.4 Phase 3 – Umsetzung von IoT-projektbezogenen Marketing-Maßnahmen

Interaktive Kommunikationsmaßnahmen wie beispielsweise Mitarbeiter-Unternehmensblogs oder Feedbackfunktionen im Intranet erlauben es dem Unternehmen, ihren Standpunkt bei den Mitarbeitern deutlich zu machen. Die werbende Darstellung der Digitalisierungsprojekte für die Zielgruppe „Kunden" findet beispielsweise im Rahmen von Kundenabenden während Messen statt. Für andere Interessengruppen wie Zulieferer könnten Lieferantentage veranstaltet werden, die Öffentlichkeit informiert sich über Tage der offenen Tür sowie über Artikel in Tageszeitungen und Zeitschriften, je nach Größe des Unternehmens bzw. Stellenwert der Digitalisierungsprojekte. Welche Aussage steht denn konkret hinter den in- und externen Kommunikationsmaßnahmen? „Dies sind unsere ersten beiden Digitalisierungsprojekte, über die wir Sie als Mitarbeiter, Kunden und Lieferanten offen informieren. Wir haben Ihr Vertrauen in unsere Zusammenarbeit verdient, die Sicherheit Ihre Daten hat für uns höchste Priorität – und wir möchten mit Ihnen zusammen an Zukunftsthemen arbeiten. Als Partner auf Augenhöhe haben wir ein gemeinsames Ziel: Den Erfolg unserer Unternehmen".

▶ **Tipp** In Kap. 1 wurde bereits kurz angesprochen, dass jüngere Kunden (unter 35 Jahren) besonders kritisch auf neue Digitalisierungsprojekte reagieren. Für die kommunikative Umsetzungsphase bedeutet dies, dass ein einheitliches Kommunikationskonzept für alle Zielgruppen große Herausforderungen mit sich bringt und nicht die optimale

Lösung darstellt. Sollten Sie mit Kundengruppen unterschiedlichen Alters über neue Digitalisierungskonzepte diskutieren, berücksichtigen Sie die kritischere, jüngere Kunden – und informieren Sie diese Kunden durch Ihren Chief Digital Officer wann immer möglich umfassend – und am besten separat: Seien Sie auf folgende Fragen Ihrer Kunden vorbereitet: Wird ein andauernder digitaler Datenaustausch benötigt, wie und wie lange speichern Sie als Hersteller diese Daten, wie sind die Details Ihres Datensicherheitskonzepts – mit welchem Unternehmen kooperieren Sie Software-seitig?

Phase 4: Kontrolle des Erfolgs der digitalen Projekte

Bevor Ihre Digitalisierungsprojekte in Serie gehen, sollten Sie sich die Zeit nehmen, basierend auf den Erfahrungen mit Ihren Leuchtturm-Projekten Kennzahlen, Key Performance Indicators, zu entwickeln und festzulegen. Dies ermöglicht Ihnen eine spätere separate Erfolgskontrolle Ihrer IoT-Projekte.

Erneut greifen Sie in dieser Phase auf Marktforschungsaktivitäten zurück: Wie hat sich die Mitarbeiter- und Kundenzufriedenheit im Vergleicht zum Projektstart entwickelt? Welche Verbesserungspotenziale gibt es?

Das Lessons Learned als Rückblick auf den digitalen Projekterfolg sollte in Zusammenarbeit mit den Projektmanagement, den Führungskräften und dem Chief Digital Officer stattfinden. Ziel der Rückschau ist eine Verbesserung in zukünftigen Digitalisierungsprojekten. Die Vertriebs- und Servicemitarbeiter werden anschließend in den Verbesserungsprozess mit einbezogen: Welche Herausforderungen gibt es noch – und wie stellen wir uns als Unternehmen besser auf?

Eine verbesserte Wertschöpfung zwischen dem Unternehmen, seinen Lieferanten und Kunden gipfelt in einem gemeinsamen Entwicklungsprozess für neue digitale Services: Was wünschen sich die Kunden, was könnten die Lieferanten und Ihr Unternehmen dazu beitragen, Um genauer zu wissen, welche weiteren digitalen Services tatsächlich für die Kunden nutzenstiftend sind, greifen Sie erneut auf die Erkenntnisse aus Ihrer Marktforschung zurück. In der Befragung geht es dabei nicht nur um neue Projekte, sondern auch um die Einstellung Ihrer Kunden zum bisherigen Verlauf der digitalen Leuchtturm-Projekte. Die Ergebnisse die Befragung werden zunächst intern Ihren Führungskräften und Mitarbeitern weitergeleitet und anschließend Ihren Kunden kommuniziert: Ein Beispiel für den Grundtenor der externen Kommunikation der Kundenbefragung „Wir haben verstanden: Am neuen Leuchtturmprojekt gefällt Ihnen besonders, dass…. Zusätzlich wünschen Sie sich mehr…Folgende Maßnahmen werden wir deswegen jetzt umsetzen…"

Das Feedback von Kunden, Führungskräften und Mitarbeitern findet Eingang in das Angebot zukünftiger digitaler Services und Produkte.

Abschließend sollte sich das Projektteam gemeinsam mit den Führungskräften Gedanken um einen Prozess zur laufenden Integration von Kunden in digitale Produkt- und Servicekonzepte machen, diesen Prozess entwickeln und implementieren. Für Ihr Unternehmen liegt der Vorteil in der Generierung von zukünftigen marktorientierten, digitalen Produkt und Servicekonzepten. Dieser neu konzipierte Integrationsprozess wird den Kunden im Rahmen von Kundentagen o. ä. vorgestellt. Diese Vorgehensweise verhindert, dass sich Kunden durch eine mögliche digitale Vernetzung mit Ihrem Unternehmen übervorteilt fühlen und baut gleichzeitig die Vertrauensbasis zwischen Ihnen, Ihren Führungskräften und Mitarbeitern und Ihren Lieferanten aus. Sie entschärft die unterschiedlichen Machtpotenziale zwischen Unternehmen, Mitarbeitern und Kunden und steigert maßgeblich und nachhaltig die Akzeptanz Ihrer digitalen Neuentwicklungen bei Ihren Zielgruppen. Abb. 3.5 fasst die letzte Phase der Durchführung von Digitalisierungsprojekten zusammen.

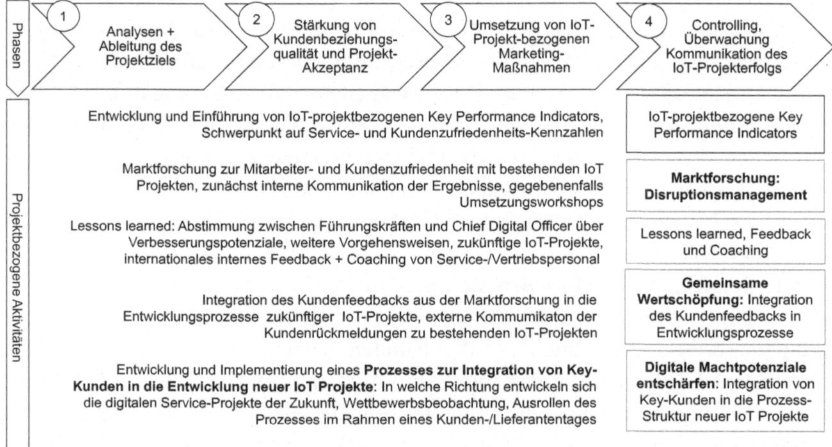

Abb. 3.5 Phase 4 – Controlling, Überwachung der Kommunikation des IoT-Projekterfolgs

Zusammenfassung

4

- Das Integrieren innovativer Kunden in Leuchtturm-Projekte,
- das Hervorheben des Kundennutzens und das integrieren der Kunden in den Entwicklungsprozess digitaler Services,
- die offene Diskussion über Fragen der Datensicherheit mit Mitarbeitern, Kunden und Lieferanten, sowie
- die Diskussion zur Arbeitsplatzsicherheit mit der Belegschaft, und
- der Stellenwert der interaktiven in- und externen Kommunikation.

Eine gemeinsame Wertschöpfung zwischen Unternehmen, Kunden und letztendlich auch Lieferanten muss das Ziel aller digitalen Produkt- und Serviceprojekte sein. Dabei ist eine partnerschaftliche Vorgehensweise durch die frühzeitige Integration aller beteiligten Zielgruppen sicherzustellen. Es gilt, sich nicht in einer Flut von neuen digitalen Projekten zu verzetteln, sondern sich zunächst auf ein bis zwei Leuchtturm-Projekte zu beschränken. In diesen Projekten, die disruptive Themen des Internet der Dinge betreffen, werden nur diejenigen Unternehmen erfolgreich sein, die von ihren Kunden als zuverlässige Partner wahrgenommen werden.

Abb. 4.1 fasst zunächst die Möglichkeiten und Herausforderungen digitaler Projekte für Hersteller zusammen und bietet Ihnen eine kurze argumentative Übersicht über den Nutzen digitaler Services für Ihre Kunden. Insbesondere das Argument der geringeren Wartungskosten und Ausfallzeiten stößt bei Kunden häufig auf reges Interesse. So trifft das Angebot der „self-service" Instandhaltung bei bestimmten, gut ausgebildeten Kundengruppen auf Begeisterung – und gleichzeitig auf misstrauische Reaktionen beim unternehmenseigenen Service-Personal. Diese fürchten – vermutlich zurecht – um ihre Arbeitsplätze, sollten die Kunden in Zukunft ihre Produkte nach Anleitung selber warten können. Anhand dieses Beispiels ist leicht

© Springer Fachmedien Wiesbaden GmbH, ein Teil von Springer Nature 2019   41
C. Falkenreck, *Digitalisierungsprojekte erfolgreich planen und steuern*,
essentials, https://doi.org/10.1007/978-3-658-24890-1_4

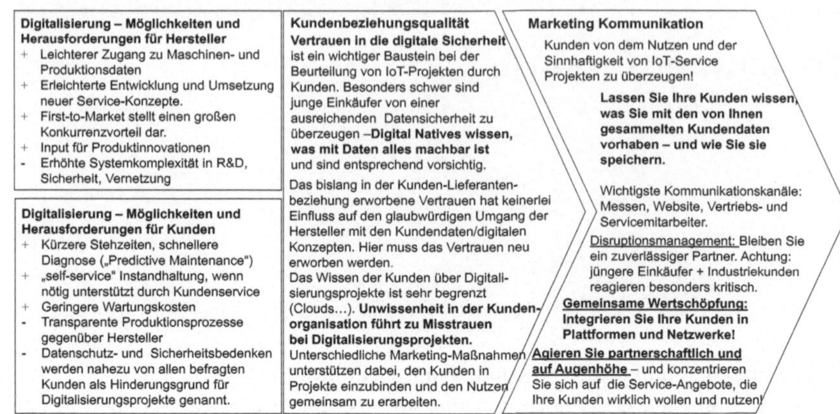

Abb. 4.1 Digitalisierungsprojekte – Möglichkeiten, Herausforderungen und deren Auswirkungen

nachvollziehbar, warum Pain-Point Analysen nicht nur extern, sondern auch interne durchgeführt werden müssen: Unterschiedliche Zielgruppen verfügen über unterschiedliche Einstellungen – und benötigen an ihr Informationsbedürfnis angepasste Kommunikationsleitfäden (siehe hierzu auch Abb. 2.1 und 2.2).

In der Rubrik „Kundenbeziehungsqualität" im mittleren Abschnitt der Abb. 4.1 werden noch einmal die Angriffspunkte für ein häufiges Scheitern von Digitalisierungsprojekten und ihre möglichen Auswirkungen auf die Hersteller-Kundenbeziehung zusammengefasst. Vertrauen in die digitale Sicherheit sollte eines der wichtigsten Ziele Ihrer Projekt-Kommunikation sein. Umfragen haben ergeben, dass das Vertrauen der Kunden zu ihrem Hersteller bedauerlicherweise nicht das Vertrauen der Kunden in Digitalisierungsprojekte positiv beeinflusst. Vertrauen muss hier erst ganz neu aufgebaut werden (zur praktischen Vorgehensweise siehe Abb. 2.1 und 2.2).

Inhaltliche Hinweise zur Projektmarketing-Kommunikation finden Sie im dritten Teil der Abb. 4.1: Verwenden Sie die von Kunden und Mitarbeitern bevorzugten Kommunikationskanäle (siehe Tab. 2.1), arbeiten Sie an einem gemeinsamen Wertschöpfungsansatz mit Kunden und Zulieferern. Verstehen Sie sich als zuverlässiger Partner dieser Zielgruppen – agieren Sie auf Augenhöhe und lassen Sie Ihre Kunden wissen, was Sie mit den gesammelten Kundendaten vorhaben. Kurz: Bei allem, was Sie in Ihrem Digitalisierungsprojekt unternehmen, behalten Sie folgendes im Hinterkopf: Sie müssen Ihre Kunden vom

Nutzen und der Sinnhaftigkeit der neuen Produkte und Services überzeugen – als Partner auf Augenhöhe. Integrieren Sie Ihre Kunden in Plattformen und Netzwerke und binden Sie Ihre Mitarbeiter in die Veränderungen im Unternehmen rechtzeitig ein. So erhöhen Sie die Akzeptanz für diese neue Art von Produkten, Arbeitsweisen und Services – und dadurch den Erfolg Ihrer Projekte und Ihres Unternehmens.

Was Sie aus diesem *essential* mitnehmen können

- Eine strukturierte Vorgehensweise für interne und/oder externe Projekte der digitalen Transformation.
- Hinweise und praktische Vorschläge zur kommunikativen Umsetzung dieser besonderen Projekte.
- Konkrete Vorschläge, wie Sie die Akzeptanz für Digitalisierungsprojekte bei Mitarbeitern, Kunden und anderen Anspruchsgruppen deutlich erhöhen können und dadurch ein Scheitern dieser Projekte vermeiden.

© Springer Fachmedien Wiesbaden GmbH, ein Teil von Springer Nature 2019
C. Falkenreck, *Digitalisierungsprojekte erfolgreich planen und steuern,*
essentials, https://doi.org/10.1007/978-3-658-24890-1

Literatur

Andelfinger, V. P., & Hänisch, T. (2014). *Grundlagen: Das Internet der Dinge.* Wiesbaden: Springer.

Falkenreck, C., & Wagner, R. (2017). The internet of things – Chance and challenge in international business relationships. *Industrial Marketing Management, 66*(10), 181–195.

Frey, C. B., & Osborne, M. A. (2013). The future of employment: How susceptible are jobs to computerization? https://www.oxfordmartin.ox.ac.uk/downloads/academic/The_Future_of_Employment.pdf.

Venkatesh, V., Morris, M. G., Davis, G. B., & Davis, F. D. (2003). User acceptance of information technology: Toward a unified view. *MIS Quarterly, 27*(3), 425–478.

© Springer Fachmedien Wiesbaden GmbH, ein Teil von Springer Nature 2019 47
C. Falkenreck, *Digitalisierungsprojekte erfolgreich planen und steuern,*
essentials, https://doi.org/10.1007/978-3-658-24890-1